DEVANT LA LOI

PAR

J.-A. LUTHEREAU,

Rédacteur en Chef du Journal l'Industrie Universelle,
Membre de plusieurs Sociétés savantes, etc.

PARIS

A la Librairie Scientifique, Industrielle et Agricole

DE LACROIX ET BAUDRY, 15, QUAI MALAQUAIS

Et chez tous les Libraires de France

1860

LES

INVENTEURS

DEVANT LA LOI

IMPRIMÉ PAR CHARLES NOBLET,

RUE SOUFFLOT, 18.

LES

INVENTEURS

DEVANT LA LOI

PAR

J.-A. LUTHEREAU,

Rédacteur en Chef du Journal l'*Industrie Universelle*,
Membre de plusieurs Sociétés savantes, etc.

———

PARIS

A la Librairie Scientifique, Industrielle et Agricole
DE LACROIX ET BAUDRY, 15, QUAI MALAQUAIS,
Et chez tous les Libraires de France.

1860

CHAPITRE PREMIER.

—

Sommaire. — Etat de la question. — Condition des inventeurs devant la loi de tous les pays. — On ne peut être réellement propriétaire de ses œuvres qu'à la condition d'être *millionnaire*. — Pourquoi ne pas donner un *passeport libre* au génie et faire payer les taxes aux touristes ? — Un mot vrai de Béranger.

Au moment où la question de la propriété intellectuelle se ravive de toutes parts ; au moment où des associations formidables se créent pour sa défense, où des livres, des brochures, des journaux se publient pour la soutenir et faire rendre à l'inventeur la justice qui lui est réellement due, il ne peut pas nous être indifférent d'assister à cette grande lutte, la plume derrière l'oreille, sans y prendre une part plus ou moins active.

Mais, nous répondra-t-on, partout il existe des

lois protectrices de la propriété ; que voulez-vous, que demandez-vous ?

Nous voulons purement et simplement défendre la cause de la justice et du droit. Sans doute il y a partout, ou presque partout, des lois sur la propriété industrielle, artistique et littéraire, mais ces lois manquent d'unité et le plateau de la balance n'est pas égal pour tous. Ici un niveau, là un autre, et nulle part elles ne garantissent à l'inventeur industriel, à l'artiste, au littérateur, la propriété absolue et incommutable de ses œuvres. Ce que ces lois, dites protectrices, semblent accorder d'une main, elles le retiennent de l'autre, en opposant des barrières fiscales infranchissables, qui équivalent à une négation de propriété. Non-seulement elles sont insuffisantes pour assurer au travailleur une sécurité parfaite ; mais en attendant qu'il soit exhérédé, à tel jour, à telle heure qu'il peut connaître à l'avance, ces lois le frappent encore d'une *amende* annuelle devant laquelle il succombe presque toujours, après s'être consumé moralement et matériellement en efforts impuissants. *Dans l'état actuel de la législation européenne*, un homme de génie ne peut se permettre d'inventer quoi que ce soit, à moins d'être millionnaire, s'il tient à se garantir, *à peu près*, la possession exclusive de son travail ou de son invention.

Et ce que je dis, je le prouve.

Tout inventeur qui a la manie de vouloir s'enrichir ou possède une prétention quelconque à la propriété de son œuvre, n'a qu'une seule route à suivre, s'il ne veut pas la voir aux prises avec la contrefaçon ou bien soumise, à cette autre espèce de vol déguisé qu'on appelle l'*importation* ; c'est de prendre des *brevets* dans tous les pays qui ont organisé un impôt légal sous forme de protection. Or, voulez-vous savoir ce qu'il en coûte au pauvre diable qui a besoin de se mettre à l'abri sous cette protection et de s'assurer la juste rémunération de son travail, pendant une simple période de 15 ans ? Il lui en coûtera la somme énorme de *trente-cinq mille francs*. — Et encore il n'est pas parfaitement garanti, attendu qu'il aura toujours dressée devant lui *la question terrible des déchéances* qui est pleine d'embûches et de périls pour l'inventeur en retard d'acquitter la taxe.

La déchéance est la toile d'araignée dans laquelle viennent s'empêtrer tous les malheureux qui, n'ayant pas le sou vaillant, — et la classe en est nombreuse, — ne peuvent ou payer leurs annuités, ou exploiter à l'*heure dite* l'industrie pour laquelle ils se sont brevetés, c'est-à-dire contre les risques de laquelle ils ont cru s'assurer en se conformant aux lois existantes.

Admettons maintenant qu'un homme de génie ou un inventeur sérieux, ce qui est la même chose, ait *quatre idées* par an, il ne lui faudra pas moins de *cent quarante mille francs* pour se mettre en règle avec le fisc de tous les pays et s'assurer à peu près partout la propriété de ses quatre idées.

Et ne croyez pas que ceci soit une plaisanterie, un paradoxe, un jeu brillant de l'imagination ; c'est une belle et bonne grosse réalité. Voici un tableau

— 8 —

synoptique résumant la somme des taxes à payer
dans tous les pays dotés de lois protectrices et pro-
gressistes.

Tableau des taxes universelles.

NOMS DES PAYS.	DURÉE.	TAXES LOCALES.	FR.	C.
Angleterre	14 ans.	175 liv. sterl.	4,375	» »
Indes anglaises . .	14 —	100 roupies de 2,50	450	» »
Australie	14 —	100 livr. sterl.	2,500	» »
Canada	14 —	5 livr. sterl.	125	» »
Autriche	15 —	700 fl. de 2,60.	1,820	» »
Bade	15 —	70 fl.	150	50
Bavière.	15 —	275 fl. et frais divers.	687	50
Belgique	20 —	Taxe progressive.	2,100	» »
Brésil.	20 —	Frais d'administration	100	» »
Buenos-Ayres. . .	10 —	500 pesos.	2,650	» »
Danemark	20 —	54 rixdal. arg.	120	» »
Espagne	15 —	6,000 réaux.	1,620	» »
Etats-Sardes . . .	15 —	Taxe progressive.	1,050	» »
Etats-Unis	14 —	300 dollars.	1,620	» »
France.	15 —	par annuité de 100 fr.	1,500	» »
Hanovre	10 —	30 thal. et frais.	112	50
Hollande	15 —	607 fl. environ :	1,300	» »
Col. hollandaises.	15 —	750 fl. environ :	1,600	» »
Lucques (duché de).	15 —	Environ	800	» »
Modène — . .	15 —	Environ	800	» »
Norwége	10 —	10 speciès dalers.	60	» »
Parme et Plaisance.	15 —	150 lires.	750	» »
Portugal	15 —	75.000 reis.	442	50
Prusse	15 —	Frais administratifs.	100	» »
Rome.	15 —	10 scudi par an.	870	» »
Russie	10 —	450 roubles arg.	1,800	» »
Saxe.	10 —	67 thal. de 3,75.	251	25
Siciles (Deux-) . .	15 —	Frais d'examen.	300	» »
Suède.	15 —	» »	100	» »
Wurtemberg . . .	10 —	20 fl. de 2,15 par an.	430	» »
Zollverein (25 Etats)	varie.	Frais div. p. les 25 Et.	2,500	» »
			33,084	25
		Frais d'agents et corr.	1,915	75
		Total général . .	35,000	» »

Il reste donc bien établi, d'après ce qui précède,

que plus le génie a les ailes longues, moins il lui est permis de les déployer ; non pas qu'il ne soit libre, mais parce qu'il n'a pas le moyen de les ouvrir. C'est à ce point qu'un homme de talent ne peut se permettre d'avoir une idée à lui, s'il n'a le gousset parfaitement bien garni, de manière à pouvoir mettre son idée à l'abri d'une spoliation ou d'une exhérédation. Or, comme la plupart des hommes de cette catégorie n'ont *ni sou ni maille*, il est évident que l'inventeur moderne, comme autrefois Sysiphe, se trouve en présence d'une impossibilité permanente qui l'empêche de faire gravir à son rocher le sommet de la montagne. Il use sa vie en efforts stériles et impuissants. A chaque pas qu'il fait en avant, il trouve un grain de sable qui le force à redescendre, et ce grain de sable est la *taxe universelle* à laquelle il est condamné.

Le *touriste*, être ordinairement nul et insipide s'il en fût, est bien plus heureux, et bien mieux protégé. Moyennant cinq ou dix francs, il a le droit d'aller fatiguer les habitants des quatre parties du monde de ses bâillements, de ses malles, de ses réclamations et de ses exclamations ! Bien plus, la gendarmerie lui ôte son chapeau, parce que l'on a eu le soin d'écrire, en grosses lettres, sur son *passeport* :

« Prions les autorités civiles et militaires chargées de maintenir l'ordre public dans l'intérieur de notre territoire et dans les pays amis ou alliés, de laisser passer et librement circuler M. X X. et de *lui donner aide et protection en cas de besoin.* »

L'inventeur, au contraire, passe-t-il une frontière

pour chercher un brevet de garantie ? vite le fisc de tous les pays lui tend son escarcelle; et s'il n'a rien à jeter dedans, il ne lui garantira pas sa propriété. Voilà cependant l'homme par excellence qui a besoin d'aide et de protection, car c'est lui qui fait entrer la richesse et le progrès chez les peuples où il va porter son industrie. Ne serait-il pas plus logique et plus rationnel d'accorder un *laisser-passer* libre de toute entrave au génie et de faire payer les taxes au touriste? Celui-ci est un embarras; l'autre est un foyer de lumière et de civilisation.

Nous allons examiner maintenant quels sont les moyens ordinaires laissés à l'inventeur pour sortir de ces difficultés, et comment, lorsqu'il en sort par hasard, à peu près ruiné de fortune et de santé, il lui faut encore laisser une autre partie de la laine de son manteau à tous les buissons.

> Pauvres moutons, ah ! vous aurez beau faire,
> Toujours on vous tondra.   (*bis*)

Le mot n'est pas de moi ; il est de Béranger.

CHAPITRE II.

—

Nous avons surabondamment démontré, croyons-nous, que, dans l'état actuel des législations européennes sur les brevets d'invention, il fallait être absolument *millionnaire* pour constater partout son droit de propriété, puisque l'imaginateur qui crée n'importe quoi, doit éparpiller *trente-cinq mille francs de taxes forcées* entre tous les Etats qui sont dotés d'une loi protectrice. Exiger d'un inventeur qui la plupart du temps ne possède rien, — excepté son génie, — d'aussi énormes sacrifices pour s'assurer la propriété de ses œuvres, c'est tout simplement une monstruosité aux temps où nous vivons ! Car, notez bien que le créateur d'une idée ou d'une invention quelconque a très-souvent dévoré son petit patrimoine et quelquefois celui de sa famille pour conduire à maturité une idée qu'il croit évidemment bonne et qui doit un jour le récompenser de tous ses efforts, de tous ses sacrifices, en lui assurant, sinon la fortune, au moins une honnête aisance et le bien-être pour lui et les siens.

Quelle est alors la situation de l'inventeur dans cette occurrence ? — En se réveillant de ce sommeil extatique où son invention le retenait plongé depuis plusieurs années, entièrement étranger à toutes les autres préoccupations de ce monde, son premier soin est de penser à s'assurer la propriété de son œuvre. Il a peut-être, comme Bernard de Palissy, jeté son dernier meuble dans la fournaise et son dernier écu dans la poche d'un mécanicien qui lui a complété l'instrument ou l'outil au moyen duquel il va opérer une révolution industrielle ; mais, qu'est-ce que cela fait ? — N'aurai-je pas demain ou après-demain de l'argent ? je peux bien manger encore pendant deux ou trois jours du pain sec. D'ailleurs, n'ai-je pas devant moi l'avenir avec ses riantes perspectives ? Allons, du courage ! Et il s'enquiert de la manière la plus sûre de mettre son idée à l'abri des voleurs et des contrefacteurs.

— Il n'y a qu'un moyen, lui répond un ami auquel il a confié son secret et ses espérances ; c'est de prendre partout des brevets d'invention, et alors tu seras le maître absolu de ton affaire.

— Soit ; mais qu'est-ce que cela coûte ? Je n'ai plus d'argent ; tout a été employé dans la construction de mes appareils.

— C'est égal, voyons, cependant !

Ils ouvrent ensemble le *Code des taxes universelles*, et ils trouvent ce que nous avons déjà vu : que la propriété d'une œuvre quelconque ne peut être garantie à son auteur, chez tous les peuples civilisés, et cela encore pendant 15 ans, qu'en déboursant une somme ronde de *trente-cinq mille francs !*

C'est alors que cet homme fort, qui a résisté patiemment à toutes les fatigues, à toutes les privations, à toutes les défaillances du cœur humain, pour arriver à son but, se sent saisi d'un découragement profond. — Comment faire ? Il faut pourtant s'assurer contre les risques du vol et de la fraude. Il frappe à toutes les portes, il s'adresse à toutes les amitiés. Rien ! Les portes se ferment ; les amitiés n'ont plus d'entrailles quand on touche à leur bourse. Il a beau expliquer la théorie de sa découverte à celui-ci, les énormes bénéfices qu'il compte faire à celui-là ; peine perdue ; il ne rencontre partout qu'égoïsme, indifférence ou incrédulité. Heureux encore quand il n'entend pas crier derrière lui :

— Mais cet homme est fou, avec ses inventions !

Ici, cependant, la question va changer complétement de face pour le pauvre inventeur. Ce même ami qui lui a conseillé les brevets comme remède suprême, le remet entre les mains d'un *intermédiaire* qui veut bien se charger de le mettre à son tour en présence d'un *capitaliste*, cet être abstrait quoique palpable, mais qui reste un mythe pour beaucoup de gens. Alors l'intermédiaire lui tient à peu près ce langage :

— Votre invention, mon cher Monsieur, me paraît bonne ; cependant, vous comprenez bien qu'une affaire quelle qu'elle soit, ne peut rester à l'état de théorie ; qu'il faudra des dépenses énormes, d'abord pour édifier le capital, ensuite pour la faire marcher...

— C'est vrai, Monsieur !

— Eh bien, écoutez-moi : j'ai votre homme entre les mains ; nous irons ensemble si vous le désirez. Je ne vous demande pas d'argent, parce que je sais et je comprends tous les sacrifices que vous avez dû faire pour arriver au résultat que vous avez déjà obtenu ; seulement, vous me donnerez vingt pour cent sur les bénéfices à venir. C'est peu de chose, n'est-ce pas ? Je ne grève pas le présent ; je ne touche qu'à l'avenir.

— Soit, Monsieur.

— Eh bien, demain nous signerons un petit compromis par lequel vous me reconnaîtrez ma part. Vous vous engagerez surtout à ne pas porter votre affaire ailleurs, car autrement je ne m'en occuperais pas une minute, et après-demain je vous présenterai moi-même à mon capitaliste. Si celui-là ne fait pas l'affaire j'en ai d'autres à ma disposition.

— Très-bien, Monsieur, dressez l'acte vous-même et à demain pour la signature.

Aigrefin, de chez lequel nous sortons, n'a

pas plus de capitaliste dans sa manche que vous et moi.— Vous, peut-être ? quant à moi, j'en suis sûr. C'est un de ces hanteurs de Bourse, un de ces faiseurs qui flairent au loin les affaires comme les chiens la chair fraîche ; c'est, en un mot, un de ces *acarus* humains qui s'attachent à la peau, partout où il y a un peu de sang et de vie à extraire, mais qui sont d'une impuissance radicale à rendre un service quelconque. Ce qu'ils veulent, c'est entrer dans une affaire, s'y cramponner parce qu'elle est souvent leur dernière planche de salut, puis entraîner leur victime dans un labyrinthe inextricable de difficultés d'où elle ne pourra sortir qu'en y laissant un pan de son habit ou une goutte de son sang.

Mais, admettons un instant que l'intermédiaire soit un homme sérieux, et examinons ce qui va se passer.

Le baron Pincetout, chez lequel nous entrons, est une sorte de banquier-marron. Il a un peu d'argent, beaucoup d'aplomb, beaucoup de rondeur apparente et énormément de cynisme en dessous. C'est, du reste, un bon vivant, extrêmement communicatif, vous tendant la main, riant toujours et vous offrant des cigares..... quand il croit que vous ne fumez pas.

— Voyons, mon ami, on m'a parlé hier de votre invention ; qu'est-ce que c'est?—Combien vous faut-il ? — Expliquez-moi ça bien clairement. On m'a dit beaucoup de votre affaire; mais il faut que je sois parfaitement édifié pour que je puisse traiter avec vous.

« A ces mots, l'*inventéur* ne se sent plus de joie,
Il ouvre un large bec... et laisse tomber sa proie. »

L'inventeur, exalté, ravi, enthousiasmé, tire un petit modèle de sa poche et le fait voir à Pincetout en lui expliquant son mécanisme.

— Ah ! c'est très-joli, ça, mon cher ami ! Mais c'est un véritable joujou ; il va nous falloir exécuter cela en grand, de manière à arriver à une démonstration pratique industrielle irréfutable.

— C'est vrai, Monsieur le baron.

— Ça va nous coûter beaucoup d'argent ;... énormément d'argent. Avez-vous des brevets ?

— Non, Monsieur le baron.

— Diable ! diable !... Voyez donc un peu où cela va nous conduire : trente-cinq mille francs pour les taxes à payer ; pareille somme au moins pour la construction des modèles en grand ; et peut-être 100 à 150 mille francs si nous exploitons. Comptez : voilà bel et bien 220 mille francs à sortir de mon portefeuille.

— Mais, Monsieur le baron, les bénéfices...

— Oh ! vous voilà bien tous. Les bénéfices ! les bénéfices !... Nous ne les avons pas encore les bénéfices !... Tenez, je n'y vais pas par quatre chemins, voici mes propositions : vous m'abandonnerez les deux tiers, ou 66 pour cent dans la propriété ; je prends les brevets en votre nom et au mien, et je vous fais tous les fonds de votre affaire. Seulement, comme je ne veux pas courir de risques, nous allons nous lier pour 15 ans.

Le pauvre inventeur a beau faire remarquer qu'ayant déjà distrait 20 pour cent en faveur d'Aigrefin, il ne pourrait faire une aussi large concession sans nuire à ses intérêts.

— Mon bon ami, vos conventions avec Monsieur ne me regardent pas ; c'est votre affaire. M. Aigrefin vous a donné mon adresse, il est juste qu'il soit récompensé. Un service en vaut un autre. D'ailleurs, avec moi toute discussion est inutile ; je suis très-rond en affaires ; c'est à prendre ou à laisser. Et si vous voulez franchement mon avis, je vous trouve très-heureux d'avoir *quatorze pour cent* dans une affaire où vous n'apportez *que votre idée*, et pour laquelle je suis obligé, moi, de débourser *deux cent vingt mille francs !* Réfléchissez ; quand vous serez décidé vous viendrez me trouver. Adieu, mon bon, réfléchissez bien à ma proposition et au revoir.

Ceci, à quelques variantes près, est l'histoire de tous les forgeurs d'idées, c'est-à-dire de tous ces pionniers de la civilisation que l'on appelle des inventeurs.

Notre pauvre diable sort de chez Pincetout le cœur navré de douleur. Il voit tous ses rêves d'avenir s'anéantir ; tout le mirage de ses espérances s'effacer devant la parole glacée et métallique de ce prêteur intelligent. Il avait promis à sa femme, dont il a mangé toute la fortune pour suivre son idée, une petite maison pour s'y retirer et y vivre en paix ; il avait promis à son fils de le faire notaire ; à sa fille une petite dot. Tout cela s'est évanoui devant la triste réalité qui lui est apparue sous la figure de deux juifs. Quoi faire, en pareil cas? L'impérieuse nécessité n'est-elle pas là qui frappe chaque jour à la porte? Ne vaut-il pas mieux, d'ailleurs, quatorze pour cent dans une affaire qui peut être bonne que rien dans une affaire qu'on ne peut pas réaliser? Combattu par tous ces raisonnements, vaincu, brisé, anéanti par les obsessions d'Aigrefin, il signe son contrat d'abandon avec Pincetout.

Mais là n'est pas encore épuisée, pour l'inventeur, la série de ses désillusions. Pendant qu'il additionne ce que lui rapporteront ses *quatorze pour cent*, il oublie qu'il lui reste encore une autre épée de Damoclès suspendue sur la tête, c'est l'arme terrible des *déchéances légales* au moyen de laquelle on décapite les quatre cinquièmes des brevets dont on ne paie pas les annuités ou que l'on a intérêt à faire tomber dans le domaine public.

CHAPITRE III.

—

Nous venons de voir quelle est la condition faite aux inventeurs dans la société moderne, par suite des obstacles sans nombre accumulés devant eux, soit qu'ils viennent de l'énormité des taxes à payer au fisc, soit qu'ils naissent de la position précaire de la plupart des brevetés. Nous avons vu également quelle est leur situation vis-à-vis du capital et des intermédiaires ; nous allons examiner maintenant, en supposant qu'ils aient pu surmonter tous ces obstacles, quelle est celle qui leur est réservée dans la question formidable des déchéances.

En thèse générale, les causes de déshérances sont nombreuses dans toutes les législations européennes.

Les unes sont justes, les autres sont iniques.

Celles qui sont justes frappent sur la tromperie dans la déclaration ou dans la spécification ; sur les découvertes antérieurement brevetées ; sur les inventions contraires aux bonnes mœurs ou à la sûreté publique ; sur des descriptions incomplètes ou déloyales ; enfin, sur la substitution d'une personnalité à une autre, c'est-à-dire sur celle du faussaire au véritable inventeur.

Les déchéances injustes sont celles qui frappent de mort le brevet, soit parce que l'inventeur est en retard d'une heure d'acquitter sa taxe annuelle, soit parce qu'il n'a pas exploité son idée dans le délai indiqué par la loi. Or, ce délai est toujours tellement court, qu'il est à peu près impossible au possesseur de réaliser une application matérielle quelconque. Ainsi, en Prusse, en Hanovre, dans les duchés de Lucques et de Modène, le délai est de *six mois* ; en Autriche, dans le duché de Bade, en Belgique, à Buenos-Ayres, en Danemark, en Espagne, dans les Etats sardes, dans les Etats romains, dans les Deux-Siciles et dans tous les Etats du Zollverein, on accorde *une année*. Aux Etats-Unis, *dix-huit mois* ; au Brésil, en France, en Hollande, dans les Indes hollandaises, en Norwége, dans le duché de Parme et de Plaisance, dans la Suède et dans le Wurtemberg, le délai est de *deux ans* ; la Russie accorde le quart de la durée du brevet qui est de dix ans, soit *deux ans et demi* ; la

Bavière donne *trois ans* ; le Portugal, *sept ans et demi* ou moitié de la durée. Seule, l'Angleterre est libérale par excellence ; elle laisse l'inventeur libre d'exploiter et n'en fait aucune condition de déchéance, tandis que l'ombrageuse Espagne guillotine tout brevet dont on a même *oublié* de prendre l'expédition dans les *trois mois*, non pas de l'obtention, mais *de la date du dépôt*.

Que voulez-vous que devienne un pauvre diable d'inventeur au milieu des difficultés pratiques suscitées par toutes ces législations différentes? Un jurisconsulte y perdrait la tête. S'il y a jamais eu besoin d'unité, c'est assurément dans les lois qui régissent les brevets d'invention. Dans tous les cas, fixer un délai aussi rapproché pour l'exploitation, c'est, à mon avis, prêter la main au vol et à la dépossession.

Il y a deux ans, nous écrivions dans le *Courrier de Paris* ce qui suit, sur la même question :

« La plupart des inventeurs ne se trouvent ni dans des conditions voulues, ni dans des rapports de société qui leur permettent de trouver promptement des capitaux nécessaires à la réalisation pratique de leurs découvertes. Il faut passer par des agents ou par des intermédiaires qui veulent une part du gâteau. Non-seulement c'est une ruine pour l'inventeur, mais, bien plus, ce sont des lenteurs et une perte de temps incontestables. Six mois, un an, deux ans, sont bien vite passés en marches, en démarches et en contre-marches, en explications à donner, en modèles à construire, en rendez-vous pris ou manqués, en visites de toute nature, — oné-

reuses ou humiliantes pour la plupart, — en actes
à rédiger ou à signer, en procurations à donner ; et
puis enfin, quand l'inventeur, après avoir pris toutes
ces peines, résisté à tous ces ennuis et à toutes
ces fatigues morales ou matérielles ; quand, après
s'être obéré pendant plusieurs années pour payer
ses annuités, ou bien s'être ruiné pendant dix ans
pour conquérir une invention, il arrive, *par miracle*,
à se trouver en face d'un homme sérieux, il ne lui
reste plus le temps nécessaire pour faire des expé-
riences en grand, ni donner satisfaction au capital
qui peut être éclairé. L'heure fatale des déshérances
sonne et l'inventeur est déchu ! »

Eh bien ! voilà l'histoire de presque tous les
inventeurs malheureux. Et ceci est triste à dire, mais
c'est le plus grand nombre. Qui est-ce qui profite en
réalité de tous ces désastres ? Ce sont les faiseurs et
les barons de Pincetout, dont nous avons parlé. Je
connais, pour ma part, une foule de ces paons industriels qui n'ont jamais rien inventé, mais qui
se pavanent aujourd'hui dans leur voiture, molle-
ment étendus sur des coussins rembourrés de *brevets déchus*. Je n'ai jamais compris pourquoi l'on ne
voulait pas laisser à l'inventeur toute la latitude possible pour exploiter son brevet.

On vient nous objecter que l'inventeur est lié avec la
société par un contrat indissoluble, et que la société ne
peut pas attendre le bon plaisir de l'inventeur pour
jouir des bienfaits d'une invention nouvelle qui peut
faire faire un immense progrès à la science ou à
l'industrie.

Nous allons, d'abord, détruire cette objection par des chiffres, ensuite nous aborderons la question de haute moralité et de philosophie.

Il résulte de documents officiels que, sur 1,550 brevets pris en France, en 1844, il n'en restait, dix ans après, que 248 dont les déchéances ne fussent pas prononcées; sur 2,068 délivrés en 1846, 189 seulement étaient en règle avec le fisc en 1854. C'est donc, dans une période de deux ans, *trois mille deux cent et un* brevets qui ont sombré dans le gouffre des déchéances, tandis que *quatre cent trente-sept* seulement ont surnagé.

En Belgique, où la taxe est infiniment moindre, le même fait vient de se produire : *deux mille cinq cents* brevets sont tombés, en 1860, sous le couperet de la loi Piercot. Ceci prouve une fois de plus en faveur de ce que nous avons déjà dit tant de fois, sous toutes les formes :

1° Qu'on doit laisser au breveté toute la latitude possible pour exploiter son invention dans le pays où il s'en est assuré et garanti la propriété.

2° Que cette protection ne doit pas être illusoire, mais complète.

3° Qu'il serait de la plus haute immoralité de ne pas maintenir l'intégrité de ce principe, attendu que toute infraction qui y est faite laisse supposer que les gouvernements ont un intérêt direct à ce qu'il tombe le plus de brevets possible dans le domaine public. On les accuse de vouloir s'emparer des dépouilles du lion, et cette calomnie est partout accréditée. Ils auraient cependant un moyen bien simple de la combattre ou de la détruire : ce serait d'admettre *l'expropriation pour cause d'utilité publique.* De cette manière, la justice et la morale seraient satisfaites ; de plus, l'inventeur trouverait la juste rémunération de son travail et non pas la ruine que lui cause toujours une dépossession prématurée.

Quant à la question philosophique qui consiste à savoir si l'inventeur est réellement lié à la société par un contrat indissoluble, voici comment elle était résolue dès 1791 par le rapporteur de la loi à l'Assemblée nationale :

« Tant que l'inventeur n'a pas dit son secret, il
« en est le maître, et rien ne l'empêche de le tenir
« caché, ou de fixer les conditions auxquelles il con-
« sent à le révéler. Il est libre, en contractant avec
« la société, comme la société en contractant avec lui ;
« le contrat, une fois passé, elle est engagée envers
« lui comme il l'est envers elle ; et tant qu'il est fidèle
« à ses engagements, elle ne lui doit pas moins de
« protection dans les moyens qu'il prend pour le dé-
« veloppement de sa nouvelle idée, qu'elle ne lui en
« accorderait pour l'exploitation de son patrimoine.

« Voici donc, si je ne me trompe, à quoi peut se
« réduire le premier contrat entre l'inventeur et la
« société : l'inventeur désire qu'on le laisse jouir
« paisiblement d'une chose qui vient de lui, qui
« est à lui, et la preuve qu'il en offre, c'est qu'elle
« n'est connue que de lui. Il demande pour cela
« qu'on interdise d'avance à tout autre de s'en em-
« parer, quand il l'aura fait connaître, et ce n'est
« qu'à cette condition qu'il manifestera sa décou-

« verte. Or, cette première proposition, ainsi que
« la condition qu'on y attache, est essentiellement
« juste, et le corps social ne peut s'y refuser, car
« l'exposé de l'inventeur est vrai ou faux : dans le
« premier cas la société a quelque chose à gagner ;
« dans le second, elle n'a rien à perdre. »

Ces nobles et justes paroles ont été prononcées
par M. le marquis de Boufflers au sein même de la
commission, et elles ont prévalu dans la loi du 17
janvier 1791 qui est restée, jusqu'à ce jour, la base
de toute notre législation sur les brevets d'invention.

Nous allons voir maintenant quel est l'avis des économistes sur les droits des inventeurs, sur la part
légitime qui leur est due et quelles seraient, dans
l'état actuel de notre législation, les réformes utiles à
y apporter.

———

CHAPITRE IV.

—

Sommaire. — Pourquoi diverses nuances dans la propriété ?
Ce sont les jurisconsultes qui embrouillent la question. —
Opinion de MM. de Boufflers, Thiers, Frédéric Bastiat,
Louis Napoléon, Ad. Breulier, Renouard, Charles Laboulaye, Louis Jourdan et Eugène Pelletan sur la propriété. — Ce que répondent les antagonistes. — Inanité
de leurs raisons. — Le dernier coup de sonde dans l'idée.

Depuis quinze ans que nous étudions attentive-
ment la question de la propriété des œuvres de l'intelligence et que nous la suivons dans toutes ses
phases, soit dans les discussions de la presse, soit
dans les chambres législatives, soit dans le mouvement des idées, une chose nous a toujours profondé-
ment étonné et attristé. Ce sont les distinctions, les
nuances que l'on cherche à établir sur le principe
même du droit de propriété. Et ce qu'il y a de très-

curieux dans toutes ces discussions oiseuses, c'est que les arguties et les subtilités de langage, pour repousser toute assimilation entre les différentes catégories de propriétés que l'on voudrait créer, viennent presque toujours des jurisconsultes et des docteurs en droit.

Est-ce à dire que nous ayons tous moins de rectitude dans le jugement que ces Messieurs? Nous ne sommes pas à la vérité docteurs *in utroque jure*; mais nous avons la prétention d'avoir le sens commun, de raisonner juste, et, à ce double titre, il nous est impossible de comprendre ces dissemblances que l'on cherche à établir.

Quand nous entendons *avocasser* sur toutes ces matières aussi transparentes que la lumière, nous serions tentés de nous écrier avec le célèbre rapporteur à l'Assemblée nationale, en 1791, le marquis de Boufflers :

« Nous serions-nous donc trompés jusqu'à présent
« sur notre patrie? Notre sol est-il ingrat? Notre
« climat est-il sauvage? Nos mœurs sont-elles bar-
« bares? Nos concitoyens sont-ils stupides?

« .... S'il existe pour un homme une véritable
« propriété, c'est sa pensée; celle-là, du moins,
« paraît hors d'atteinte; elle est personnelle, elle
« est indépendante, elle est antérieure à toutes les
« transactions, et l'arbre qui naît dans un champ
« n'appartient pas aussi incontestablement au maître
« de ce champ que l'idée qui vient dans l'esprit
« d'un homme appartient à son auteur. L'invention,
« qui est la source des arts, est encore celle de la

« propriété : elle est la propriété primitive, toutes
« les autres ne sont que des conventions. Et ce qui
« rapproche, ce qui distingue en même temps ces
« deux genres de propriété, c'est que les unes sont
« des concessions de la société, et que l'autre est
« une véritable concession de la nature. Peut-être
« même la seule étymologie du mot suffirait-elle
« pour prouver que, dans l'origine des choses, la
« propriété a été regardée comme le passage du
« premier et par conséquent comme droit de l'in-
« venteur. »

Ces grands principes de liberté et de protection
prévalurent, ils devinrent la base de la loi de
1791 qui, la première, accorda aux inventeurs la
rémunération de leur travail, en leur garantissant la
propriété de leurs œuvres.

Depuis lors, nos plus grands penseurs, nos meilleurs publicistes, nos plus profonds philosophes se
sont tous rangés à cette opinion : que la propriété
acquise par le travail, c'est-à-dire par l'intelligence,
doit être une, incommutable, assimilable, et qu'il ne
peut y avoir, en un mot, qu'une seule espèce de
propriété soumise aux mêmes lois et jouissant des
mêmes prérogatives.

« La société civilisée, — dit M. Thiers, — ayant
« consacré par écrit le droit de propriété qu'elle
« avait trouvé existant sous forme d'habitude, dans
« la société barbare, l'ayant consacré dans le but
« d'assurer, d'encourager, d'exciter le travail, on
« peut dire que le travail est la source, le fondement,
« la base du droit de propriété.

« On peut donc le dire dogmatiquement : *le fon-*
« *dement indestructible du droit de propriété, c'est*
« *le travail* (1). »

Un autre économiste de beaucoup de talent et
mort jeune à la peine, ajoute : « La propriété, c'est
« le droit pour l'homme de s'appliquer à lui-même
« ses propres efforts, ou de ne les céder que moyen-
« nant la cession, en retour, d'efforts équiva-
« lents (2). »

Le prince Louis Napoléon, aujourd'hui Sa Ma-
jesté Napoléon III, écrivait, il y a seize ans, à
M. Jobard, directeur du musée royal de l'industrie
belge :

« Je crois, avec vous, que l'œuvre intellectuelle
« est une propriété comme une terre, comme une
« maison, qu'elle doit jouir des mêmes droits, et
« ne pouvoir être expropriée que pour cause d'uti-
« lité publique (3). »

M. Ad. Breulier, le savant auteur du livre inti-
tulé : *Du droit de perpétuité dans la propriété intel-*
lectuelle, a dit :

« *En principe*, pour moi, toutes les propriétés
« matérielles ou intellectuelles, celles du fonds de
« terre ou celles du livre, celles des artistes comme
« celles des inventeurs, ont la même base et la même
« origine : le *travail* et le *service rendu*. Je ne
« crois pas que la consécration de la propriété de

(1) Thiers, — *De la propriété*, livre 1er, p. 88.
(2) Frédéric Bastiat, — *Harmonies économiques*.
(3) Louis Napoléon, — Lettre écrite à M. Jobard, le 4
décembre 1843.

« l'invention doive paraître, plus que la reconnais-
« sance des autres propriétés intellectuelles, incom-
« patible, au fond, avec l'intérêt public, lorsque le
« temps et l'expérience auront amené la question
« de la réglementation des droits des inventeurs, au
« point de maturité atteint, dès maintenant, par une
« législation nouvelle des droits des auteurs d'œuvres
« littéraires ou artistiques (1). »

Renouard, que l'on a tant accusé parce qu'il s'est
élevé contre la pérennité, a écrit quelque part :

« Par le travail, l'homme peut devenir le propre
« artisan de sa fortune. La Providence, en lui don-
« nant le besoin des choses matérielles, lui a aussi
« donné la liberté. Le travail, suite et effet de la
« liberté, est la source la plus abondante et la plus
« pure de la propriété (2). »

En 1857, M. Charles Laboulaye, chargé de faire
un rapport à la *Société d'encouragement* sur les modifications à apporter à la loi du 5 juillet 1844,
disait :

« Activer, développer l'esprit d'invention, est un
« des intérêts les plus grands de la société ; assurer,
« faire respecter le droit de l'inventeur, est une
« des missions les plus sacrées du pouvoir social. »

Louis Jourdan, rédacteur principal du *Siècle*, et
l'un de nos publicistes les plus distingués, a écrit ce
qui suit :

(1) Breulier, — *Du droit de perpétuité dans la propriété
intellectuelle.*
(2) Renouard, — *Traité des brevets d'invention.* — Paris, 1825, p. 22.

« Je me suis souvent demandé pourquoi la pro-
« priété des œuvres de l'esprit n'était pas aussi
« bien consacrée, reconnue et protégée, que la pro-
« priété d'un champ, d'une maison, d'un billet de
« banque ou d'une usine? Je n'ai jamais pu par-
« venir à me rendre compte de la défaveur attachée
« à la propriété intellectuelle dans une société *qui a*
« *pour base et pour fondement le droit de pro-*
« *priété.* »

Enfin Eugène Pelletan, ce magnifique logicien de
La Presse, nous fait connaitre ainsi son opinion :

« Le travail appartient au travailleur dans l'ordre
« de la pensée, comme dans l'ordre de l'industrie.
« Il n'y a pas, en effet, au soleil de la justice, une
« propriété industrielle et une propriété intellec-
« tuelle : *il y a la propriété, voilà tout* ; diverse dans
« sa forme, identique dans son principe (1). »

Il nous serait très-facile de multiplier ces citations
à l'infini ; mais nous ne voulons pas abuser de la
patience de nos lecteurs. Il doit ressortir suffisamment, de tout ceci, que la propriété est une, légitime, personnelle, incontestable, et qu'il est incroyable, au XIXe siècle, d'entendre encore nier ou
discuter ce principe. En 1841, lors de la révision
de la loi de 1791, à laquelle tant de noms illustres
prirent part, un membre de la Chambre des dé-
putés professait encore ces étranges théories que le
domaine des idées est un domaine commun et qu'elles

(1) Eugène Pelletan, — *De la propriété intellectuelle,*
Presse du 30 juillet 1859.

ne peuvent être le patrimoine héréditaire d'un
homme, d'une famille.

« La pensée mise au jour, livrée au monde, ap-
« partient au monde ; le domaine des idées est un
« domaine commun ; il nous appartient à tous comme
« l'atmosphère où nous puisons la vie que chacun
« aspire et que chacun renvoie aux successives aspi-
« rations de tous les êtres vivants et des générations
« qui doivent suivre.

« Une pensée ne peut devenir le patrimoine hé-
« réditaire d'un homme, parce que cet homme
« jamais n'en est l'unique créateur. Les idées sont
« filles des idées ; elles sont engendrées les unes par
« les autres.

« Quand le moment d'une découverte est venu,
« il semble que le monde en soit plein ; l'air en est
« chargé, il faut que l'éclair s'allume et éclate en un
« point.

« Il est de ces époques providentielles où les grands
« effets humanitaires doivent s'accomplir, où l'on
« voit tout à coup la découverte de l'Amérique, le
« doublement du Cap, l'imprimerie, la réforme. A
« qui doit-on tout cela ? *A tout le monde.* L'humanité
« creuse pendant des siècles ; un homme donne le
« dernier coup de sonde et la vérité jaillit ; mais elle
« n'est point à lui, elle est à tous ceux qui ont tra-
« vaillé (1). »

Toute cette doctrine empoulée est fausse et monstrueuse, en ce sens qu'elle est la négation de tout

______

(1) M. Lestiboudois, séance du 22 mars 1841.

droit de propriété. Aussi, n'a-t-elle pas prévalu dans nos assemblées législatives, et les lois de 1841 sur la propriété littéraire et de 1844 sur la propriété industrielle ont accordé *à tout homme qui donne le dernier coup de sonde dans une idée quelconque le droit de priorité et de possession exclusive de son œuvre, pendant un temps déterminé,* sauf les restrictions dont nous avons parlé et dont nous demandons la radiation complète de notre prochain code industriel.

Étudions maintenant la question de temporanéité.

CHAPITRE V.

—

La question de la temporanéité, c'est-à-dire de la durée à accorder à la propriété de l'idée, est une des plus ardues et des plus difficiles à résoudre ; aussi, est-ce une de celles qui ont amoncelé le plus d'orages et produit les plus interminables discussions. L'argumentation a même pris, ces temps derniers, un caractère de violence et de cynisme tout à fait particuliers.

Ainsi, pour prouver que les inventeurs étaient indignes de la protection des lois divines et humaines, un ancien magistrat, homme intègre et honorable cependant, qui occupe aujourd'hui dans la presse un rang distingué, est allé jusqu'à dire à propos de Sauvage, l'inventeur de l'hélice et mort fou à l'hôpital :

« .... Mais d'où vient que les capitaux qui sont toujours, on ne peut le nier, à la recherche des « idées neuves et fécondes, ne vinrent pas se placer « sous sa main? — *C'est que la plupart des inven-* « *teurs sont des charlatans et des faiseurs de dupes,* « *exploitant la crédulité dans les deux parties du* « *monde,* empruntant à tout venant, moyennant « l'abandon de parts déjà vendues dans leur décou- « verte; et puis, quand ils croient avoir réussi, « cherchant par le dol et la fraude à se débarrasser « de celui qui, en s'associant à leurs risques, s'est « aussi associé à leurs espérances. Il faut qu'une loi « sur la matière donne des garanties aux capitalistes, « et leur permette de déjouer ces *calculs misérables,* « de telle sorte que celui qui a livré son argent, « *quelquefois sur une simple affirmation,* ne soit « pas exposé à être *spolié par un de ces hommes sans* « *principes* dont l'audace égale souvent l'intelli- « gence. *Le bailleur de fonds est aussi un créateur ;* « le capital qu'il apporte représente un travail an- « térieur, un travail accumulé, qui vient rendre à « son tour des services à la société, en étendant le « domaine des arts et de l'industrie. Il est juste que « ce service soit récompensé et que le capitaliste

« puisse revendiquer à titre égal avec l'inventeur sa
« part dans la création commune. Des garanties
« données à cet égard découlera le crédit des in-
« venteurs. »

Nous n'admettons, ni dans le fond, ni dans la
forme, les prémisses et la conclusion de ce réqui-
sitoire dressé dans un moment de mauvaise humeur
contre les inventeurs. Nous n'admettons pas également que *le bailleur de fonds soit un créateur.* —
Coopérateur-réalisateur, passe encore, mais créateur, non ! Un capitaliste, quelque amant qu'il soit
du progrès et *quelques services qu'il veuille rendre
à la société,* ne s'engage jamais dans une affaire
« *sur une simple affirmation,* » je le nie complète-
ment. Ce serait d'ailleurs trop naïf, et la naïveté
n'est pas le défaut prédominant du capitaliste. Il
est généralement défiant ou parfaitement incrédule ;
il faut lui prouver cent fois pour une que l'affaire
dans laquelle on veut le faire entrer est bonne et
qu'elle donnera d'énormes bénéfices, ou bien il se
retirera ; et quand il est convaincu, il fait la plupart
du temps comme notre baron Pincetout. Il suscite
des embarras sans nombre à l'inventeur ; il le dé-
goûte par mille petites tracasseries ; il l'écrase de
son importance ou de son mépris ; il veut gou-
verner, dominer, mettre la main à tout, faire des
économies stupides, et très-souvent il gâte tout.
J'ai vu, moi qui écris ces lignes, beaucoup plus
d'affaires manquer par les exigences ou l'absurde
rapacité des capitalistes, que par la faute de l'invention ou de l'inventeur. Ceux qui parlent de mo-

ralité et de « *déjouer les calculs misérables* » des autres, sont les premiers, sur un simple doute de rendement dans une fabrication quelconque, à chercher de misérables querelles. Tout est prétexte à chicane, et, malgré les engagements les plus sacrés, les contrats les plus en règle et les mieux cimentés, leur grand cheval de bataille est toujours celui-ci : « *je ne donnerai plus d'argent !* » Combien d'industries perdues par suite d'argent mal versé ou par le retrait du capital effrayé très-souvent sans raison ! Mais aussi que de honteuses spoliations ourdies à l'ombre de ces mille prétextes ! On laisse déchoir les brevets, et comme une invention qui tombe n'est pas perdue pour tout le monde, il se trouve toujours des barons de Pincetout pour la ramasser.

D'un autre côté, quand l'inventeur trouve la limite de quatorze ans que lui accorde la loi insuffisante pour tirer un parti convenable de son idée ; quand il réclame contre l'impossibilité matérielle qui l'oblige à mettre son invention à exécution dans un délai de six mois, d'un an ou de deux ans, à dater de la prise de son brevet ; quand enfin il demande la *prolongation de quelques années*, à défaut de la *pérennité* qu'on lui refuse pour lui et les siens, il rencontre sur sa route une foule de rhéteurs et de sophistes qui lui contestent même son droit de propriétaire, au nom de la loi.

Ces économistes chagrins lui disent très-bien, avec MM. Coquelin, Frédéric Passy et *tutti quanti* : « L'inventeur n'est pas, dans le sens ordinaire du « mot, propriétaire du procédé industriel qu'il dé-

« couvre, il n'en est que le premier explorateur ;
« *le droit qu'il acquiert n'est pas un droit de pro-*
« *priété. C'est un droit de priorité, rien de plus ;*
« et ce droit a sa limite naturelle dans le droit cor-
« respondant qu'ont tous les industriels de marcher
« à leur tour dans la voie où il s'est engagé le
« premier. L'inventeur devance ses concurrents,
« mais s'il n'avait pas touché le but, d'autres après
« lui l'auraient indubitablement atteint, sous la
« pression des besoins de la société, et parce que le
« germe d'une découverte n'existe jamais dans un
« seul esprit exclusivement, mais dans plusieurs
« simultanément ; cela est si vrai qu'il n'y a pas
« d'invention un peu majeure qui ne soit reven-
« diquée au même titre par plusieurs hommes. Qui
« peut dire au juste à qui revient l'honneur de la
« première machine à vapeur ? »

Ce sont les idées semées par Renouard qui ont fait
école, et nos sophistes modernes, ses dignes succes-
seurs, ont poussé tellement loin leur argumentation
dans cette voie, qu'ils ont été jusqu'à nier à l'inventeur du métier qui fait aujourd'hui la gloire et la
fortune de Lyon, non-seulement la propriété, mais
encore la priorité de son idée. « *Qu'y a-t-il dans la*
machine de Jacquard qui ne soit pas à la rigueur
dans la machine de Vaucanson ? L'absurdité du raisonnement nuirait même à la simple prise en considération de l'accusation, en supposant qu'elle ait
quelque fondement.

Mais j'avoue franchement que lorsqu'ils attaquent
la *pérennité*, ils sont plus heureux. Leur argumen-

tation me saisit pas la puissance de sa logique ; et moi, qui les ai combattus sous toutes les formes depuis quinze ans, il m'est impossible aujourd'hui, —j'en demande bien pardon à Jobard, le grand-prêtre de la pérennité, —de ne pas faiblir devant la solidité de leurs raisonnements.

— Qu'est-ce, en effet, que la pérennité ?

— La pérennité est un *droit éternel et imprescriptible* que l'on réclame pour la propriété des œuvres de l'intelligence, en faveur des héritiers à n'importe quel degré ; c'est une liste civile que l'on veut fonder en faveur de l'oisiveté et, le plus souvent, au profit de l'incapacité.

Evidemment, les défenseurs du droit des inventeurs qui tous reconnaissent que : « *le travail est la base et le fondement de la propriété,* » ne peuvent pas admettre cela. Ceci serait tout simplement la négation du principe posé.

Et puis, se figure-t-on bien ce que serait, dans cent ans, une société à laquelle on accorderait la pérennité des brevets ? « L'industrie parquée dans mille compartiments étroits et infranchissables ; l'initiative individuelle arrêtée par des obstacles sans nombre ; le domaine de l'invention que l'on prétendait élargir sans mesure et ouvrir de toutes parts à l'esprit d'entreprise restreint et clos sur tous les points par des priviléges d'une éternité désespérante ; les voies nouvelles auxquelles on n'arrive que par les anciennes, rendues inaccessibles par l'impossibilité de parcourir celles-ci ; l'avenir rivé au passé et toutes les classifications ridicules, toutes

les limitations insoutenables, toutes les rivalités,
toutes les mesquineries des anciennes corporations
renaissant sous le nom de brevet, avec une multi-
plicité et une division qui en accroîtraient l'embarras
et la puérilité. »

« Voyez-vous l'aimable coup d'œil d'une société
« ainsi transformée, s'écrie à son tour un autre
« publiciste , Adolphe Guéroult, — et devenue,
« jusque dans les procédés les plus usuels de ses
« arts mécaniques, la propriété d'*avides héritiers*
« qui ont pris sur elle une hypothèque éternelle?

« Non-seulement vous ne pourrez plus aller au
« théâtre ou lire un livre vieux de deux cents ans,
« sans payer un tribut à l'héritier de l'auteur, mais
« si vous vous embarquez sur un bateau à vapeur,
« il faudra payer redevance aux héritiers de Fulton;
« si vous montez en chemin de fer, il faudra payer
« aux héritiers de Stephenson ou de Seguin ; si
« vous avez besoin d'une brouette, vite payez la
« dîme aux héritiers de Pascal. Mais, direz-vous,
« la famille est éteinte ; qu'importe? Si les familles
« s'éteignent les droits ne s'éteignent pas. On trou-
« vera bien quelque collatéral, quelque homme
« d'affaires, quelque usurier qui aura donné asile à
« cet héritage délaissé. Vous ne pourrez ni scier, ni
« raboter, ni chasser un clou sans vous incliner
« devant le droit absolu, éternel, imprescriptible de
« l'héritage intellectuel. Heureux celui dont le
« grand-père aura inventé quelque chose de beau
« et d'utile ! Ce grand-père-là aura fondé une dy-
« nastie. L'espèce humaine pourra désormais se

« partager en deux classes : celle dont les ancêtres
« n'auront rien inventé, et celle dont les ancêtres
« auront inventé quelque chose. Celle-ci aura le
« droit de se reposer éternellement et de faire tra-
« vailler l'autre à son profit. La noblesse sera recon-
« stituée, non plus au bénéfice des hommes d'épée,
« mais au bénéfice des hommes d'invention. Les des-
« cendants de ceux-ci formeront une caste à part,
« vivant noblement sans rien faire, du produit du
« génie de leurs ancêtres et des sueurs de leurs
« contemporains (1). »

Il est impossible de plaisanter avec plus de sel,
avec plus de justesse, avec plus de verve, sur l'idée de
la *pérennité*. Je sais bien que mon ami Jobard, qui
n'est jamais à court de raisons, — et souvent de très-
bonnes, — lui répondra par des faits écrasants. Il
lui dira :

« Eh quoi ! n'avez-vous pas honte d'avoir laissé
mourir de faim, à l'hôpital ou en prison, tous ces fous
sublimes qui s'appelaient Salomon de Caus, de
Girard, Millevoye, Sauvage, etc.? Qu'avez-vous fait
de Blanc, l'inventeur de la *soude factice ?* De Bully,
l'inventeur de cet odorant *vinaigre* que vous res-
pirez tous et qui vous enlève les migraines que vous
gagnez à déblatérer contre les inventeurs? Vous l'a-
vez laissé mourir à l'hôpital de la Charité, après
l'avoir laissé vivre pendant 15 ans de pain et de lait,
couchant sur un fauteuil dans le bureau de rédac-

(1) Ad. Guéroult, — *Encore l'héritage littéraire. Presse*
du 30 septembre et du 1ᵉʳ octobre 1859.

tion d'un journal qui lui donnait 90 fr. par mois !
Ne rougissez-vous pas, en plein xix° siècle, d'être
obligés d'ouvrir des souscriptions publiques pour
donner du pain aux filles du poète Sédaine, de l'ingénieur Robert, l'inventeur du papier sans fin, et
à Noémi Trochu, arrière-petite-fille de Jean Racine (1) ? »

Mais les anti-pérennistes lui riposteront par la
plume de ce même Adolphe Guéroult :

« ... Nous n'éprouvons nullement le besoin d'as-
« surer aux arrière-petits-fils de M. Scribe, de M. A.
« Dumas, ou de tout autre inventeur, le droit de

(1) Dans un très-excellent article sur la *Condition des inventeurs*, publié par le *Journal des Mines*, M. Jobard a
fait remarquer que la souscription internationale ouverte
depuis trois ans par M. Piette, directeur du *Journal des fabricants de papier*, en faveur de la fille de Robert, l'inventeur du papier sans fin, avait à peine produit 7,000 fr.,
en 43 ans, quand l'invention de cet ingénieur a fait la fortune de tant de monde. M. Jobard résume ainsi les chiffres
de cette souscription :

France.	4,349 fr. 50 c.
Allemagne	1,974 fr. 25
Belgique	730 fr. —
Hollande	200 fr. —
Italie	63 fr. —
Danemark	50 fr. —
Espagne	25 fr. —

7,391 fr. 75 c.

En regard de ces faits déplorables d'indifférence, nous
mentionnerons la souscription ouverte depuis quelques mois
seulement, en faveur de l'arrière-petite-fille de Jean Racine.
Elle a produit, à l'heure présente, plus de 35,000 fr. en
France seulement. Il est juste cependant d'ajouter que sur
cette somme la famille impériale y figure pour plus de
16,000 francs.

« vivre sans rien faire, du travail de leurs spirituels
« aïeux ; que cette intéressante lignée fasse comme
« ses auteurs ; qu'elle ait du talent, de l'esprit,
« qu'elle produise de bons et nombreux ouvrages,
« et nous sommes parfaitement certains que nos
« petits-neveux lui prodigueront l'argent et la con-
« sidération dont nous entourons ses grands-
« pères. »

Il résulte pour nous, de tout ce qui précède, que
la question de la *pérennité* doit être abandonnée par
tous les esprits sensés. Il y a d'ailleurs une raison
plausible à cet abandon : c'est que, du moment où l'on
admet l'*expropriation pour cause d'utilité publique*,
toute question de pérennité devient inutile devant
cette mesure essentiellement radicale.

Nous allons voir maintenant, en examinant les
travaux de l'*Association créée en Belgique pour la
défense de la propriété intellectuelle*, comment elle
a résolu toutes ces difficultés dans le *Nouveau projet
de loi* en huit articles qu'elle vient d'adopter à l'u-
nanimité.

CHAPITRE VI.

—

Bruxelles, qui a été pendant trente ans le foyer le plus ardent de la piraterie des deux mondes, est entré, depuis le vote de sa loi du 5 février 1854 sur les brevets d'invention, dans une phase de réaction incroyable. L'homme de génie peut désormais se promener en toute sécurité dans ses rues montueuses et malaisées. Comme autrefois, on n'y détrousse plus les passants.... de l'esprit ou de l'invention ; on leur prête, au contraire, appui ; on défend leurs droits à outrance, et bien mieux, c'est de Bruxelles aujourd'hui que partent toutes les idées libérales en

matière de propriété artistique, industrielle et littéraire.

« C'est du Nord aujourd'hui que nous vient la lumière! »

Bruxelles-la-pirate a senti la nécessité de se ré-
habiliter aux yeux de l'Europe intelligente. Elle ne
se contente plus de provoquer des congrès où les
idées les plus simples sont travesties et mal inter-
prétées par la mauvaise queue des contrefacteurs
aux abois, elle vient de fonder une formidable *Association pour la défense de la propriété intellectuelle.*
Nationaux et étrangers y prennent part, en ce sens
que les adhésions les plus chaleureuses et les plus
encourageantes viennent prêter leur force morale à
l'œuvre de délivrance qui se prépare. Il existe à
Bruxelles un vaste atelier de forgerie où l'on travaille nuit et jour à la confection des armes nouvelles qui doivent servir à la réforme de la législation européenne sur les brevets d'invention. L'*Association* tient des *meetings* et elle est déjà parvenue
à faire adopter par plus de *cinq mille* adhérents ce
principe fondamental de toute législation sensée, que
« *chacun doit être propriétaire et responsable de ses
œuvres.* »

Il est vrai qu'il y a là, à Bruxelles, un neveu de
Pierre l'Ermite qui depuis trente ans prêche la croi-
sade, guerre sainte s'il en fut. Malheureusement, sa
voix a été longtemps comme celle dont parle l'E-
criture : *vox clamans in deserto.* Le savant directeur
du musée de Bruxelles a un tort très-grave aux yeux
de beaucoup de gens, tort que l'on n'absout jamais

quand il gêne, c'est d'avoir de l'esprit ; mais de cet esprit frondeur et sarcastique qui touche au but en dardant des éclairs. Ces éclairs ne se contentent pas de briller ; ils sont de la nature de ceux qui brûlent, et par conséquent ils font des blessures profondes à l'amour-propre :

L'amour-propre irrité ne pardonne jamais !

Aussi, Jobard, soit par la position spéciale qu'il s'est créée dans la presse, soit par son humeur rabelaisienne, s'est fait éloigner des conseils privés du gouvernement auquel il aurait été d'un excellent appui et d'un très-grand secours. On a donc préféré légiférer sans lui, tout en se servant des idées qu'il a semées à profusion dans le public, dans les journaux du pays et dans les recueils périodiques étrangers. Malheureusement, on n'a pas compris du premier coup son *monotaupole*, et comme à ces cadets de famille auxquels on repasse les habits des aînés, devenus trop petits pour leur taille, on a bâclé un vêtement d'une tournure assez singulière. Aujourd'hui, la loi belge de 1854 fonctionne mal, ou plutôt elle ne fonctionne plus, puisqu'elle laisse décapiter les quatre cinquièmes des brevets pris ; qu'elle a inventé la taxe graduée, et qu'enfin, elle a ligaturé la pensée dans toutes sortes d'entraves. Bien qu'elle soit l'une des plus avancées, cette loi est encore très-mauvaise. De là est née cette agitation et la création de cette *association des cinq mille* qui demande sa révision.

L'association s'est mise à l'œuvre avec courage ;

elle a convoqué des réunions où toutes les idées nouvelles de réforme ont été passées au crible de la discussion ; elle a écouté toutes les observations qui lui ont été présentées ; elle a combattu toutes les erreurs, passées en force de chose jugée, puisqu'elles ont été admises dans la plupart des législations européennes, toutes calquées les unes sur les autres ; en un mot, elle a concentré, résumé, simplifié tout, et élaboré un projet de loi en huit articles, qui est un petit chef-d'œuvre, un modèle de précision, un vrai bijou ciselé avec infiniment d'art. — Le voici :

PROJET DE LOI.

Art. 1er. — Toutes les lois qui régissent et protégent la propriété des choses matérielles, sont applicables à la propriété des œuvres intellectuelles, qui est également soumise à l'expropriation pour cause d'utilité publique, moyennant une juste et préalable indemnité.

Art. 2. — La propriété d'une œuvre intellectuelle, de quelque nature qu'elle soit, matériellement représentée par un livre, une partition, un tableau, une statue, une machine, un appareil, un plan de finances ou de travaux publics, une combinaison quelconque, se constate et s'établit par la priorité d'insertion dans un *Moniteur spécial officiel*, d'une description suffisante pour la désigner et la distinguer des autres propriétés de même espèce.

L'auteur d'un tableau peut requérir l'application, sur l'original, du timbre du gouvernement légalisant sa signature.

Art. 3. — L'insertion doit comprendre, outre les noms, profession et domicile de l'auteur et de l'éditeur :

A. En ce qui concerne les œuvres littéraires, musicales et les recueils pittoresques, héraldiques, numismatiques, géographiques, scientifiques, etc., les indications du titre, du format, du nombre de pages et de la date de la publication.

Il doit en outre être fait dépôt de trois exemplaires de l'ouvrage, dont l'un sera conservé à la commune du domicile réel ou élu de l'auteur, le second au ministère de l'intérieur, et le troisième à la bibliothèque nationale.

B En ce qui concerne les œuvres d'art, le trait réduit du tableau, de la statue, de l'ornement, du modèle, de la forme et du type, dont on désire s'assurer le droit exclusif de reproduction par la gravure, la lithographie, la photographie, la broderie, le moulage, l'estampage ou autrement.

C. En ce qui concerne les dessins, patrons et marques de fabrique, le tracé du patron, de la marque, de la griffe, de l'enveloppe, de la bande, du timbre, du cachet, de l'emblème ou signe quelconque, adopté par un fabricant, pour différencier ses produits de ceux de ses concurrents.

D. En ce qui concerne les machines, appareils, outils, procédés, applications ou produits nouveaux, les plans de finances ou de travaux publics, etc., les descriptions et le plan ou diagramme nécessaire pour faire comprendre et reconnaître les limites de la propriété réclamée.

L'inventeur produira au *Moniteur* le dessin en double de l'objet inventé, qu'il veut faire insérer en trait réduit dans le texte, sans autres frais pour lui que ceux de l'insertion à raison de tant par ligne, pour la place occupée dans le *Moniteur*.

Le duplicata, revêtu du timbre officiel, sera remis à l'inventeur Le plan original sera déposé au Musée national.

Art. 4. — Toute cession totale ou partielle d'un droit de propriété intellectuelle, toute autorisation de l'exploiter devra, comme la prise de possession, être insérée au *Moniteur*.

Art. 5. — Compétence est attribuée dans le pays aux gouvernements provinciaux et aux commissariats d'arrondissement et à l'étranger, à tous les consuls et agents diplomatiques en quelque pays que ce soit, pour recevoir, constater et transmettre à l'administration du *Moniteur* prémentionné les insertions requises soit par des nationaux, soit par des étrangers.

Art. 6. — A dater du jour de l'insertion au *Moniteur*, l'inventeur industriel sera inscrit de droit, dans la dernière classe des patentés. L'accroissement de la cote suivra le développement de l'exploitation de sa patente, d'après les bases adoptées par la loi.

Art. 7. — Tout inventeur sera tenu d'apposer son nom sur tous les objets représentés qu'il livrera à la circulation.

Art. 8. — Toutes les lois antérieures sur la matière sont abrogées, et les auteurs de toute œuvre intellectuelle, frappés de déchéance, ont le droit de rentrer dans leur propriété, en remplissant, dans l'année de la date de la présente loi, les formalités ci-dessus, sauf le droit acquis aux tiers exploitants.

Il résulte de la lecture de ce simple projet de loi une scission profonde et des modifications considérables apportées à l'économie et au principe de toutes les législations existantes sur les brevets d'invention, autrement dit sur les lois qui garantissent la propriété individuelle :

1° Il pose et il admet ce principe fondamental et indiscutable de l'assimilation de la propriété des œuvres intellectuelles à celle des choses matérielles ;

2° Il tranche la tête à tous les abus en supprimant les formalités bureaucratiques, longues, dispendieuses, embarrassantes, et par conséquent inutiles ;

3° Il proscrit les taxes et les impôts aussi absurdes que vexatoires. Mais, comme il est de droit économique que tout impôt supprimé doit être remplacé par un autre qui soit à l'avantage du Trésor et du consommateur, il crée un droit d'insertion au *Moniteur spécial de l'invention* qui remplace utilement la taxe, en ce sens que non-seulement il constate le droit de priorité du propriétaire, mais encore, en cet autre sens, qu'il donne la publicité la plus large à l'invention.

A ce propos de la publicité donnée aux brevets, il y a, dans la législation actuelle, un principe faux que le projet de loi belge fait complétement disparaître : c'est celui de la *cachotterie* ou de l'enterrement des brevets. L'article 24 de la loi du 5 juillet 1844 admet un *catalogue des titres seulement* à l'expiration de chaque année, mais elle se refuse à toute communication ou publication, soit textuellement, soit par extrait, de tout brevet, avant le paiement de la deuxième annuité.

Le nouveau projet que l'on présente au conseil d'Etat renchérit encore sur cette situation, et l'article 29 modifié reporte à la quatrième année le droit de publication.

De deux choses l'une : la loi veut ou ne veut pas garantir la propriété. Si elle la garantit sérieusement on n'a rien à craindre d'une publicité prématurée qui éclaire, au contraire, les gouvernements étrangers, les débarrasse d'examens préalables, et leur permet avec toute sécurité d'accorder des brevets dont la priorité d'invention ne peut plus être contestée.

La loi anglaise est infiniment plus libérale. *Un mois après la prise du caveat*, qui est le premier acte de propriété d'une *patente*, tous les brevets sont publiés *in extenso* dans un recueil spécial qui se vend à très-bas prix. Pourquoi ne ferait-on pas la même chose en France, au lieu d'emprisonner les brevets dans des restrictions qui sont nuisibles au progrès général de l'industrie ? C'est cette idée qui a été acceptée avec raison dans le nouveau projet de loi élaboré par l'Association belge, et c'est ce principe de liberté en même temps que de rendement d'impôt qui lui a permis de supprimer la taxe. Voyez quel progrès immense! Avec la taxe ascensionnelle on avait cru produire un chef-d'œuvre en accordant des *facilités* aux inventeurs. Ces facilités se traduisaient par une aggravation de peine considérable, puisqu'au lieu de donner 1,500 fr. *à priori*, on arrivait insensiblement à les grever pendant quatorze ans, pour aboutir à quoi? A leur faire payer 2,100 fr. Sous l'enveloppe d'un progrès apparent, c'était tout simplement une monstruosité! Aussi, la loi belge de 1854 n'a pas pu tenir ce qu'elle avait promis, et des quantités innombrables de brevets sont tombés dans le domaine public par suite de la taxe progressive.

Les auteurs du nouveau projet de loi français voulaient faire entrer les annuités graduées dans leur projet de réformes ; mais espérons qu'ils se seront éclairés par le *fiasco* complet de la loi belge, et qu'ils admettront le principe vrai de l'abolition des taxes.

Cette disposition nouvelle de la législation fait naturellement disparaître les cas de *déchéance* nombreux qui étaient autant d'entraves insurmontables. Il résulte également du nouveau projet élaboré par l'Association belge que la clause de l'exploitation obligatoire dans un temps donné, toujours trop court, ainsi que nous l'avons démontré, disparaît complétement de la législation.

Nous avons déjà dit que l'insertion forcée au *Moniteur spécial* était un moyen détourné de rentrer dans une partie des taxes abolies; mais il y a un moyen plus direct imposé par l'article 6 de la nou-

velle loi, qui place immédiatement le breveté dans
la dernière classe des patentés en le faisant monter
dans la première si son industrie se développe ulté-
rieurement. Cette charge n'est pas onéreuse et elle
est d'autant plus juste qu'elle ne frappe que l'industriel exploitant.

Enfin l'article 7 consacre un autre grand principe,
celui de la marque obligatoire de fabrique, depuis
si longtemps réclamée par tous les fabricants hon-
nêtes et par les publicistes les plus distingués.

La question de temporanéité n'a pas été abordée
par les auteurs du nouveau projet de loi ; mais le
principe de la pérennité ressort évidemment de l'article premier, puisque « toutes les lois qui régissent
et protégent la propriété des choses matérielles sont
applicables à la propriété des œuvres intellectuelles.»

On sait ce que nous pensons de la pérennité ;
c'est le seul point sur lequel nous soyons en désac-
cord avec les promoteurs de toutes les réformes proposées. Dans tous les cas, quelle que soit l'issue
prochaine de ce grand débat, nous déclarons ad-
hérer pleinement et sans réserves au projet de loi
élaboré par l'Association belge créée pour la défense
de la propriété intellectuelle. Nous y adhérons parce
que c'est un progrès réel et une source féconde de
richesses pour tous les pays qui adopteront les principes posés dans cette loi ; nous y adhérons, parce qu'il
proclame cet autre grand principe économique que
*« chacun doit être propriétaire et responsable de ses
œuvres, »* et parce qu'il reconnait que *« le travail est
la base et le fondement de toute propriété ; »* nous y

adhérons enfin, parce que c'est un acte de justice et de réparation attendu depuis longtemps par une classe d'hommes déshérités du fruit de leur travail.

Il ne nous reste plus qu'un vœu à former, c'est que nos législateurs se pénètrent bien des idées contenues dans le projet de loi belge, et en fassent adopter les bases au sein des commissions chargées de reviser la loi du 5 juillet 1844. Les avant-projets soumis dernièrement aux chambres de commerce, aux sociétés d'encouragement, aux sociétés industrielles, sont à refondre complétement, parce qu'ils ne répondent à aucun des besoins ni à aucun des intérêts de la société moderne. Ce sont plutôt des lois dirigées contre, que pour les inventeurs ; et puis d'ailleurs, elles n'ont pas ce caractère d'homogénéité, de grandeur et de libéralité qui doit correspondre au mouvement des idées civilisatrices que l'on professe en France. Nous dirons donc avec M. Etienne Blanc : « On peut affirmer que celui qui attachera son nom au *Code de la propriété industrielle*, aura fait plus qu'aucun de ses devanciers pour populariser et affermir son autorité. »

A peine la dernière partie de ce chapitre était-elle publiée et avais-je attaqué l'idée de la pérennité, que je crois fausse et complétement inutile à la cause sacrée des inventeurs, que je reçois une lettre de l'honorable M. Jobard, directeur du Musée de l'industrie belge. Le grand-prêtre de la pérennité, en Europe, cherche à me convertir à son opinion et à me ramener dans *la bonne voie*. Ses raisons ne sont pas de la nature de celles qui convertissent un dissident; toutefois, l'autorité et le nom de M. Jobard méritent une réponse que je m'empresse de lui adresser, après avoir donné connaissance de sa lettre.

« Bruxelles, 17 mars 1860.

« Mon cher Luthereau,

« Vous ne voulez pas de la pérennité; la constitution d'une liste civile de l'oisiveté en fait de propriété intellectuelle vous effraie; vous ne voulez pas contribuer à *faire des rentes à des crétins*, qui n'auraient que la peine de naître d'un père valeureux, pour vivre sans rien faire.

« Vous n'êtes pas le seul de cette opinion philosophique de 89, que j'ai partagée moi-même assez longtemps; mais j'espère que vous reviendrez de cette erreur, comme j'en suis revenu, en considérant la différence qu'il y a entre la propriété du sol et celle de l'industrie, de la science et des arts. Un majorat assis sur la terre n'offre que la mobilité, la *périclivité*, la locomobilité, l'instabilité de la propriété intellectuelle qui ne peut être assimilée qu'à la propriété mobilière.

« Un hectare de surface terrienne sera toujours un hectare dont la valeur ira croissant avec l'augmentation de la population ; tandis qu'une machine, qu'un livre, qu'un opéra, s'en vont s'usant, comme une table, un fauteuil.

« La meilleure invention est remplacée par une autre, à très-courts intervalles, il en est de même des livres, des objets de goût ou de la musique.

« Puisqu'il en est ainsi, à quoi bon la pérennité, direz-vous ? Nous vous répondrons que, puisqu'elle a été accordée à la propriété mobilière sans inconvénient et pour ne pas lui faire un code à part, il convient de faire entrer la propriété intellectuelle dans le même cadre et pour le même motif de simplification.

« Quand nous demandons l'expropriation pour cause d'utilité, de salubrité, de sécurité et d'agréments publics, ce n'est que pour servir d'apaisement à ceux qui ne comprennent pas qu'il ne se rencontrera presque jamais un cas où cette expropriation sera nécessaire ou favorable au public ; bien au contraire, nous en avons la preuve en Belgique, où l'on jette par milliers les meilleurs brevets à la voirie, d'où personne ne les tire pour les exploiter, pas plus que l'on ne cultive un terrain livré à la vaine pâture.

« Vous voulez la propriété trentenaire, c'est la petite emphytéose, pourquoi pas la grande ? Pourquoi 10, pourquoi 15, pourquoi 20 et pourquoi 30 ? Rien absolument ne peut motiver cette durée restreinte des lois de brevets dont vous avez si bien démontré l'incohérence dans tous les pays qui en vendent comme on vendait naguère des brevets de noblesse et des décorations aux imbéciles qui avaient le moyen de les payer. On a assimilé les inventeurs à ces imbéciles et on leur a vendu des bulles qui leur crèvent entre les mains ; parce que tout le monde se fait un plaisir de leur donner un coup d'épingle, ce que les tribunaux ne se croient pas tenus de punir ; puisque la législature elle-même ne les regarde que comme des concessions du bon plaisir.

« Il n'en serait plus de même si la propriété intellectuelle était assimilée à la propriété matérielle, si bien garantie, si bien défendue contre les maraudeurs.

« Si vous brisez un seul des anneaux du projet de loi adopté par l'Association belge après de longues et de mûres délibérations, il tombe en quenouille et tous les morceaux qui sont bons, ne pourront être raccordés convenablement par les faiseurs officiels, si mal disposés pour les inventeurs. C'est ici une question de vie ou de mort ; *tout ou rien* est la devise des cinq mille adhérents à ce simple projet.

« J'espère que la justesse de votre esprit vous fera revoir et apprécier la valeur des raisons que je m'empresse de vous envoyer comme au plus dévoué champion de la cause des inventeurs.

« JOBARD,
« Directeur du musée de l'industrie belge. »

CHAPITRE VII.

—

LETTRE A M. JOBARD,

DIRECTEUR DU MUSÉE DE L'INDUSTRIE BELGE
A propos de la pérennité.

—

Mon cher maître,

Depuis quinze ans nous nous sommes rencontrés bien souvent sur le même champ de bataille, combattant l'un et l'autre pour la même cause — l'affranchissement des serfs de l'intelligence, — c'est-à-dire pour les droits sacrés des inventeurs. Nous n'y avons gagné que des blessures, vous comme général, moi comme simple soldat. Vous permettrez bien, cependant, à un vieux compagnon d'armes, de discourir amicalement avec vous sur la situation de ces pauvres forgeurs d'idées, qui, depuis 15 ans, ne s'est pas améliorée.

Vous me blâmez vigoureusement de ne pas vouloir de la *pérennité* dans les réformes proposées par la nouvelle loi belge, et vous me faites l'honneur de penser que je ne sais pas distinguer « la différence qu'il y a entre la propriété du sol et celle de l'industrie, de la science et des arts. » Vous êtes bien bon pour moi, mon général ; mais ma vertu capitale, vous le savez, n'a jamais été l'obéissance passive. Je suis né raisonneur. Je veux que l'on me prouve ; je veux que l'on m'affirme sa force par la logique et que l'on me terrasse par des arguments *ad rem*.

En fait d'arguments, vous me dites ceci : « Un hectare de surface terrienne sera toujours un hectare, dont la valeur ira croissant avec l'augmentation de la population ; tandis qu'une machine, qu'un livre, qu'un opéra, s'en vont, s'usant comme une table, un fauteuil. »

Halte-là ! mon maître ; vous glissez sur une pente rapide où je dois m'efforcer de vous retenir ; vous feriez la culbute ! C'est précisément parce que je comprends la différence qu'il y a entre les deux propriétés, — non pas dans leur principe, qui est identique, mais dans son application, — que je m'insurge contre votre raisonnement.

Votre hectare terrien, tout hectare et immobile qu'il soit, perdra cinquante pour cent de sa valeur si vous ne le cultivez pas. Au bout de cent ou de deux cents ans, une maison, qui est aussi une propriété immobilière, tombe en ruines et perd de son revenu. Le *revenu* lui-même, qui est une propriété mobilière se perd comme les reste. « La force des choses, toujours très-morale et très-intelligente, a voulu que le rentier, qui ne travaille pas, marchât à une ruine certaine par suite des réductions d'intérêt et de la dépréciation des monnaies. Il y marche par une pente douce, il est vrai, mais il y marche, et cela est très-utile et très-convenable ; c'est une invitation quotidienne au travail que tous les échos lui renvoient et qui ne peut manquer à la longue d'être écoutée. » Tout s'use en ce monde, croyez-le bien ; le beau seul ne s'use pas, mais on n'en vit pas ou on vit mal. On parle encore aujourd'hui d'Anacréon, de Virgile, du Dante, de Raphaël, de Michel-Ange, de Pasiello, de Pergolèse, et du fauteuil du roi Dagobert. On parlera peut-être aussi un jour du *monotaupole* et de l'*organon*, qui sait ?

> « Trois mille ans ont passé sur la cendre d'Homère
> Et depuis trois mille ans Homère respecté
> Est jeune encor de gloire et d'immortalité ! »

Il est jeune parce qu'il est beau et parce que le beau est éternel ! Mais là, franchement, entre vous et moi, pendant que personne ne nous écoute, dites-moi que penseriez-vous d'un descendant d'Homère qui viendrait réclamer ses droits à la pérennité ? Croyez-vous qu'il puisse vivre aujourd'hui des primes que lui accorderaient les éditeurs de l'*Iliade* et de l'*Odyssée* ? Non, assurément ! pas plus que mademoiselle Noémi Trochu ne vivrait des œuvres de Jean Racine si elles lui appartenaient. Les voyez-vous l'un et l'autre venir mettre *embargo* sur ces chefs-d'œuvre de l'esprit humain, sous prétexte d'une parenté séculaire. Et puis, quels sont les droits de toutes ces dynasties déchues, dégénérées, transformées par les alliances, à vivre du génie de leurs ascendants au trente-sixième degré? Qui vous dit que dans certains cas la pérennité ne sera pas un obstacle au développement du progrès humain? Qui nous assure qu'elle ne sera pas un tombeau? Je vous prouverais même qu'elle peut être un tombeau.

Je sais bien que vous allez me répondre : « Puisque la pérennité a été accordée sans inconvénient à la propriété mobilière, je ne vois pas pourquoi on lui ferait un *code à part* et on ne la ferait pas rentrer dans le même cadre pour le même motif de simplification. »

Mais il me semble, mon cher maître, que, dans le sens où vous l'entendez, il n'y a pas la moindre parité entre les deux espèces de propriétés? La propriété mobilière est une valeur représentative de circulation ; c'est une monnaie courante que l'on peut diviser ou se partager ; et encore à combien de débats, à combien de procès cette propriété mobilière ne donne-t-elle pas lieu chaque jour entre d'avides héritiers? — Mais la propriété des œuvres du génie ne se partage pas ; et dans un très-grand nombre de cas, la pérennité serait un très-gros embarras pour les ayant-droit. Me couperez-vous en quatre une *messe* de Pergolèse, un *tableau* de Raphaël ou le *Milon de Crotone* du Puget? Admettez

un instant que Voltaire et Rousseau aient aujour-
d'hui une queue de 4 héritiers collatéraux, peu importe à quel degré. L'un est propriétaire du *Dictionnaire philosophique* ; un second de *la Pucelle* ; un
troisième du *Contrat social* ; un quatrième de *la
Nouvelle Héloïse*. Le hasard veut qu'ils soient prêtres
tous les quatre. Eh bien, ces braves gens, croyant
faire une œuvre agréable à Dieu, utile à la religion
et à leur prochain, anéantiront leur quatre titres de
propriété. Voilà donc quatre chefs-d'œuvre perdus à
tout jamais! Où allons-nous avec votre système de
pérennité? Au chaos ,à l'annihilation, à la désagré-
gation de tout. Le *domaine public*, cet être inerte
et paresseux, — comme vous l'appelez,—est moins
bête que cela. Son absorption profite au moins à la
masse, et les inventions qui tombent dans ce grand
puits sans fond peuvent encore faire la fortune de
beaucoup de gens. Témoin la machine Robert, la
Perrotine, l'argenture galvanique et la photographie.

Il y a un *délai moral*, une limite, croyez-moi, à
la propriété des œuvres de l'intelligence. Cette limite est celle qui ressort naturellement de la
moyenne de la vie humaine. Voilà pourquoi j'ai
toujours demandé la prescription trentenaire.

Quand un homme a été pendant trente ans en
possession exclusive de son œuvre, s'il n'en a pas
tiré tout le parti possible,c'est que son idée ne vaut
rien. Alors elle peut être reprise sans inconvénient
par un autre qui l'améliorera et la mettra sur pied
s'il y a lieu. Quatorze ans, c'est trop peu ; trente ans

me paraissent suffisants et répondent à tout ce que la raison humaine peut exiger loyalement et honnêtement.

D'ailleurs, la prescription trentenaire n'entrave pas sensiblement les droits des héritiers directs. Si l'inventeur-réalisateur s'est enrichi par son invention, qui empêche le fils de suivre les traces de son père et de s'enrichir comme lui par le travail? L'invention aura beau être tombée dans le domaine public, il aura encore un avantage marqué sur tous ceux qui voudront s'en emparer. Il aura l'outillage, il aura le capital, il aura une clientèle formée et de plus une connaissance parfaite de la fabrication.

Dans le domaine des lettres et des arts à quoi sert la pérennité? Vous dites vous-même qu'un livre, qu'un opéra, s'en vont s'usant comme une table, un fauteuil. Laissez donc retourner tout cela à l'humanité sous la forme du domaine public ; la société saura bien en faire son profit s'il y a quelque chose de bon dans l'idée.

Pour moi, la pérennité serait une entrave de la pire espèce. Non-seulement elle ne rendrait aucun service, mais, bien plus, elle immobiliserait tout, paralyserait tout et enraierait le progrès pendant des siècles ; aucune amélioration utile ne pourrait être apportée sans susciter d'innombrables difficultés de détail. Puisque vous voulez la *simplification*, il faut rayer le mot pérennité de votre dictionnaire économique. Il n'y a rien de moins simple, à mon avis, que cette toile d'araignée dans laquelle vous voulez empêtrer les brevets et les brevetés.

Pardon, mon cher maître, de cette rebuffade à votre autorité ; mais, voyez-vous, quand on a senti l'odeur de la poudre ensemble, quand on a brûlé les mêmes amorces en l'honneur de la même cause, on peut bien se permettre quelques infractions à la discipline. Ayez l'épaulette d'or aussi généreuse que vous avez le cœur grand et l'esprit sensé…, tout ira bien !

CHAPITRE VIII.

—

RÉPONSE DE M. JOBARD

SUR LA QUESTION DE LA PÉRENNITÉ.

Bruxelles, le 8 avril 1860.

Au rédacteur en chef,

A nous deux, mon cher Luthereau ! J'aime un adversaire animé comme vous d'une haine vigoureuse contre la pérennité des brevets d'invention, contre ces *majorats de la paresse*, contre cet accaparement de tous les engins et procédés futurs du génie humain, dont les rayons doivent briller pour tout le monde, comme ceux du soleil. Vous êtes de l'opinion du bon Dieu, vous voulez que tout le monde travaille et apporte à la ruche humaine le produit de son labeur ; voilà de bons sentiments, car nous sommes tous les contre-maîtres et les ouvriers de Dieu, chargés de défricher un petit coin du chaos. Celui qui ne fait rien ou ne fait que des riens, ne fait son devoir ni envers Dieu ni envers son prochain ; mais il ne faut pas qu'on lui écrase les doigts quand il veut travailler ; il ne faut pas qu'on jette des entraves à son pégase, quand il veut s'élever, ni qu'on lui crie : « N'oublie pas que tu es un cheval ; hue ! ho ! à la charrette et ne ruons pas !… »

— Alors, répond Pégase, si je suis un cheval, donnez-moi de l'avoine ?

— De l'avoine ! s'écrie la société, quel matérialiste ! Tu es un oiseau, regarde tes ailes ; chante dans le bocage et mange du mouron !

— Alors donnez-moi du mouron !

— Fi donc ! mange de l'ambroisie et bois de la rosée !…

Voilà, dit le jardinier de Nice, annexé malgré lui, comment on en agit avec les hommes que Dieu a marqués de la lettre G, qui n'est pas le signe de la bête, soyez en sûr.

Vous dites, avec le ministre Piercot : L'invention est un *don de Dieu* qui doit appartenir à tous (1) ; mais un honorable lui répondit : Vous êtes donc communiste, M. le ministre, car les *partageux* disent aussi : « La terre est un *don de Dieu* qui doit appartenir à

____

(1) Nous avons précisément toujours soutenu la thèse contraire.   J. L.

tout le monde. » Soit, mais êtes-vous obligé d'abandonner à tout le monde un cadeau qui vous est fait personnellement, soit par votre père qui est aux cieux, soit par celui qui est sur terre? Depuis quand le premier venu a-t-il le droit de dire à un inventeur : Ce qui est à moi est *à moi* ; mais ce qui est à toi est *à nous*, comme le fait observer Alph. Karr, ce rien du tout, qui cultive avec tant de succès les muses et les fleurs, et qu'on appelle à juste titre *le bon sens incarné*. Mais il est loin d'avoir la puissance du baron Ch. Dupin, qui a tué en son germe le projet de loi sur la propriété perpétuelle, que le savant Dumas voulait faire adopter et présenter par la société d'encouragement. Quand tout le monde sera breveté, disait l'éloquent adversaire de la propriété intellectuelle, qui pour un marteau, qui pour une charrue, qui pour une bêche ; quand enfin chacun sera propriétaire d'un instrument de travail, d'un métier, d'une fabrication qu'il aura inventée, personne ne pourra plus travailler ; c'est-à-dire que si chacun avait son champ l'agriculture serait morte ; on ne pourra plus faire un pas dans le domaine de l'industrie, des arts, des sciences, sans fouler le champ de quelqu'un.

Le baron Séguier, qui sait, lui, ce que c'est qu'une invention, pour en avoir fait autant que le baron Dupin a fait de discours, fit observer qu'il serait plus facile de circuler dans les sentiers fleuris qui entourent des enclos bien cultivés, que de marcher à travers les ronces, les épines et les chardons du *domaine public* abandonné au libre pacage. Le savant avocat, habitué à gagner toutes ses causes par son intarissable faconde et surtout à ne pas être interrompu, continua à répandre son robinet d'eau tiède sur l'Assemblée qui se sépara sans rien conclure, en jurant bien qu'on ne la prendrait plus sous une pareille douche.

Quant à M. Ad. Guéroult, qui a repris le même thème, en le perfectionnant, il prouve par là même qu'on peut s'approprier l'idée d'autrui sans s'exposer à être poursuivi comme contrefacteur, quand on sait améliorer, embellir, condenser une vieille rengaine. L'apostrophe de M. Guéroult est à celle du baron Dupin, ce que les canons rayés d'Armstrong sont aux canons polis de Gribauval; elle nous démolirait si nous n'étions bardé comme les chaloupes canonnières de l'Empereur. M. Guéroult est un homme de génie et d'éloquence, un véritable inventeur en son genre; c'est dommage qu'il n'applique sa brillante imagination qu'à la création de fantômes et de géants poétiques, comme celui du Camoëns qui voulait empêcher les navires de doubler le cap des Tempêtes, pour aller à la recherche des îles Fortunées.

M. Guéroult ne veut pas non plus que l'humanité s'embarque pour la Californie des inventions, où il y a cependant place pour tout le monde; il croit de bonne foi, comme le comte de Mércde, que toutes les inventions sont faites.

Nous n'avons pas peu embarrassé un jour le noble comte en lui demandant s'il croyait vraiment que tous les livres fussent écrits, tous les tableaux peints, ous les enfants faits!

— Non, dit-il, mais je ne vois pas ce qui nous manque depuis les chemins de fer, le télégraphe électrique et les allumettes chimiques.

— Eh bien ! que risquez-vous de donner la propriété perpétuelle à ceux qui voient ce qui nous manque et le trouvent ? Puisque vous vous en passez bien avant, vous vous en passerez bien après ; on ne vous forcera pas d'acquérir les nouvelles inventions, à moins que le cœur ne vous en dise, et que vous estimiez qu'elles valent mieux que le prix qu'on vous en demande Si on vous en demande trop, tournez le dos à l'inventeur, car vous pouvez parfaitement vous passer de tout ce que vous ne connaissez pas, de tout ce qui existera demain, puisque vous êtes pleinement satisfait de ce qui existe aujourd'hui.

— C'est égal, nous répondit-il, je ne croirai jamais qu'une invention soit une propriété comme ma terre.

— Vous avez raison, lui dis-je, l'invention est bien supérieure, car si vous n'aviez pas hérité de votre terre, elle appartiendrait à un autre, vous ne l'avez pas faite votre terre, et l'inventeur a fait sa découverte, il peut même l'anéantir et en priver la société, et vous n'en pouvez faire autant de votre terre ; donc vous n'avez pas autant le droit de poser des conditions à la société que l'inventeur.

Les raisons que vous donnez à l'appui de votre propriété ne valent pas celles des inventeurs, car vous avez emprunté la vôtre au *fonds commun*, et l'inventeur a tiré la sienne de son propre fonds, de ses nerfs, de son sang, du génie enfin que Dieu lui a infligé, comme dit le philosophe de Nice. Et puis, M. le comte, ne sentez-vous pas que les propriétaires deviennent de plus en plus rares et les prolétaires de plus en plus nombreux, et qu'il serait prudent d'enrôler les plus ingénieux dans vos rangs, pour les renforcer, en diminuant d'autant l'armée ennemie, car tout prolétaire est l'ennemi du propriétaire, jusqu'à ce qu'il soit devenu propriétaire lui-même, ne fût-ce que d'une espérance, d'une illusion enfin. Celui-là qui a en poche un brevet de *mouvement perpétuel*, qui n'est qu'une illusion, comme nous le disions en 1848 au maréchal Vaillant, tirera contre les *partageux*, tant qu'il aura l'espérance de devenir millionnaire.

Il eût été impossible de rassembler dix mille hommes pour l'émeute, tant que le lingot d'or était en loterie ; car cent mille ouvriers avaient le lingot dans leur bourse, sous forme de billet d'un franc. Quand les chefs de la République ont tenté de leur faire un nouvel appel, tous ont répondu : attendons le tirage ! Les inventeurs diront aussi : attendez que j'aie essayé mon invention ! Si elle ne réussit pas, au lieu d'en chercher une autre, je fais avec vous.

Allons, mon cher Luthereau, vous qui êtes un vieux praticien de la vie réelle, laissez aux poètes, aux fantaisistes de la vie imaginaire leurs terreurs *rénouardiennes* contre la pérennité des inventions, auxquelles il n'y a pas plus d'inconvénients à donner la pérennité, qu'à concéder l'*immortalité* aux nouveau-nés qu'on fait enregistrer à l'état civil ; cela ne les empêche pas de mourir en leur temps, et tout de suite, s'ils ne sont pas nés viables. Mais il serait injuste et insensé de leur assigner, comme aux enfants du génie, quinze ou vingt ans, passé lesquels ils seront guillotinés au profit de ce paresseux sans cœur et sans honneur que vous appelez le domaine public. Nul ne veut s'associer avec ces galériens flétris des quatre lettres S. G. D. G. ; tandis qu'un inventeur ayant pour hypothèque la pérennité trouvera des fonds tant qu'il en aura besoin, si son invention est reconnue viable par le prêteur ou ses conseils, car il aura bien soin de se faire éclairer avant de lâcher ses écus.

Dire qu'un autre ne pourra plus exploiter une invention délaissée par le titulaire, est une crainte chimérique, car elle ne sera jamais délaissée tant qu'elle vaudra quelque chose, et si elle ne vaut plus rien, elle ne fera envie à personne ; mais si quelqu'un la rend bonne par des perfectionnements essentiels, c'est une autre invention brevetable à nouveau, c'est une propriété nouvelle. Mais, direz-vous, le premier propriétaire viendra peut-être réclamer sa part. Eh bien ! établissez une prescription légale de cinq ou de dix ans, si vous voulez, pour le *non-usage* desdites inventions, et tout sera pour le mieux, et vos hypothétiques terreurs s'en iront à vau-l'eau. Mais ces cas seront fort rares, et l'expropriation radicale pour cause d'utilité publique répond à tout, obvie à tout, clôt la bouche à tous ces affreux petits rhéteurs de M. Thiers, qui tuent de bonnes raisons avec de beaux mots et des phrases empanachées et ronflantes comme celles de la presse.

Vous passez trop légèrement à côté de ce *pont d'or* que personne n'avait encore pensé à jeter sur l'abîme qui sépare la loi ancienne de la nouvelle, de celle que nous devons tous vouloir, parce qu'elle ajoutera un nouvel étage au monument de la civilisation actuelle, parce qu'elle tuera le paupérisme, parce qu'elle apaisera les plaintes contre l'injustice la plus monstrueuse, la plus criante qui souille encore nos codes, la *spoliation sans indemnité.*

Montesquieu a dit, dans l'*Esprit des lois,* une vérité qu'on ne saurait trop répéter : « La justice est « l'électricité statique du monde moral, son équilibre « une fois rompu tend sans cesse à se rétablir avec « éclats, et ces éclats, qui s'appellent en physique « foudre et tonnerre, s'appellent en politique émeutes « et révolutions. » — Compris, n'est-ce pas ?

JOBARD,

Officier de la Légion d'honneur,
directeur du Musée de l'industrie
belge.

CHAPITRE IX

—

LETTRE A M. J.-B. BONNEVIE,

SECRÉTAIRE DE L'ASSOCIATION CRÉÉE EN BELGIQUE POUR
LA DÉFENSE DE LA PROPRIÉTÉ INTELLECTUELLE ET
RÉDACTEUR EN CHEF DU *Travail national.*

Monsieur,

Dans une seconde lettre adressée par vous à
M. Jules Mareschal, l'auteur du *Droit héréditaire
des auteurs et des erreurs du Congrès de Bruxelles,*
vous dites :

« Permettez-moi donc un mot de réponse à M. A.
Guéroult et à l'INDUSTRIE UNIVERSELLE, *devenus nos*

adversaires communs, puisqu'ils ne ménagent pas plus la propriété littéraire, que vos scrupules ne vous engagent à ménager la propriété intellectuelle. »

Il me semble, Monsieur, que les articles publiés par moi dans le journal l'*Industrie universelle* sur toutes les questions relatives à la législation sur les brevets d'invention, mon adhésion complète au projet de loi voté par l'association, me mettaient à l'abri de tout soupçon injurieux. Je ne suis l'*adversaire systématique* de personne ; seulement, quand je ne comprends pas la portée d'un acte, je cherche à m'éclairer. C'est ce qui fait que, tout en me ralliant au projet. de loi, j'ai voulu étudier plus à fond l'idée de la perpétuité.

Plus loin, et toujours à propos de la citation que j'ai faite de l'opinion de M. Adolphe Guéroult, publiée dans la *Presse* du 1ᵉʳ octobre 1859, vous ajoutez :

« La moquerie, quelque spirituelle qu'elle soit, est un pauvre bagage pour propager une doctrine quelconque ; et si, sous prétexte de combattre la propriété intellectuelle, M. Guéroult a voulu s'en prendre au principe même de *la propriété*, et qu'il n'ait au service de sa cause que des armes de cette ofrce-là, nous craignons fort qu'il ne parvienne à recruter des prosélytes que parmi les dignes héritiers des anciens hôtes de *la Cour des miracles*. »

L'argumentation me paraît un peu vive, Monsieur ; mais en revanche elle n'est pas très-solide, permettez-moi de vous le dire. Les hôtes de la Cour des miracles étaient des gueux, des truands n'ayant ni sou ni maille, ni feu ni lieu, par conséquent des partageux. Vous voulez bien nous mettre, M. Ad. Guéroult et moi, sur la même ligne de ces hôtes dangereux, parce que nous n'embrassons pas, les yeux fermés, vos idées sur la *pérennité des brevets d'invention*. Ce n'est pas là discuter, croyez-le bien. Toute argumentation exige des raisons, et j'en ai vainement cherché dans les trois colonnes que vous avez imprimées pour bafouer une opinion qui est très-discutable, qui a besoin d'être éclairée, mais qui, dans tous les cas, est une conviction, et à ce titre mérite d'être respectée. Vous prétendez que « la moquerie est un pauvre bagage pour propager une doctrine; » soit, mais alors pourquoi vous en servez-vous en traçant un parallèle que je trouve très-peu réussi dans les ressemblances que vous avez voulu faire ressortir? Vous vous êtes dit ceci : le ridicule tue ; je vais tuer l'opinion de M. Guéroult et de l'*Industrie universelle* en faisant sa caricature. Mais tout le monde ne s'appelle pas Hogarth, Granville ou Charlet. La caricature est un art très-difficile ; cette arme, française par excellence, demande à être maniée avec beaucoup d'adresse et de dextérité ; vous vous êtes trompé de bout. Vous avez pris le crayon par la pointe et au lieu d'obtenir un trait délicat, plein de ces finesses d'intention et de détail que saisissent si bien les amateurs, vous avez fait tout bonnement ce que nous appelons *une charge*. La charge est, à la caricature vraie, ce que le gros sou est au louis d'or.

Dans tous les cas, vous faites preuve d'ignorance à l'endroit des idées professées par le rédacteur en chef de la *Presse*. Et, bien que je n'aie pas mission de le défendre, je vous ferai observer que vous tirez sur vos propres troupes. M. Guéroult est un de vos meilleurs généraux ; il admet comme vous, comme nous autres, les droits sacrés des inventeurs, il reconnaît parfaitement que « *le travail est la base et le fondement de toute propriété,* » et je ne sache pas qu'il ait aucun plan d'organisation sociale à substituer à celui qui a pour principes le respect des droits de chacun.

Il a dit au contraire, en très-bons termes, dans un de ces articles que vous critiquez sans les connaître :

« Nous ne comprenons pas, quant à nous, quel intérêt social pourrait prescrire de séparer l'idée de propriété de l'idée de travail qui, dans la conscience générale, lui sert de base et de justification. Nous ajoutons que la tendance et l'esprit de nos lois ont toujours été de déprécier la propriété à mesure qu'elle se sépare du travail. Notre législation répugne aux majorats, aux substitutions, à tout ce qui tend à rendre la propriété immobile et inaliénable. »

Vous voyez bien, Monsieur, que pour ne pas admettre le principe de la pérennité, M. Guéroult n'est pas plus que moi passé dans les rangs ennemis ; il a discuté, il a cherché à s'éclairer, il vous a donné ses raisons et vous en êtes encore à lui faire connaître les vôtres. Vous vous contentez de dire : « Un droit est ou n'est pas ; et le droit de propriété ne se conçoit pas sans pérennité. »

C'est là, selon moi, une erreur profonde. La propriété des œuvres de l'intelligence peut parfaitement se concevoir sans droit éternel et absolu de succession. Tant qu'il s'agit d'une chose inerte et immobile, comme la propriété foncière, très-bien ; mais là, dans la propriété mobilière, place où vous mettez l'*invention*, le progrès de l'humanité est en jeu et votre immobilisation *per sæcula sæculorum* le tuerait ! Vous savez parfaitement qu'il y a des gens antipathiques à toute espèce de progrès ; les uns par nature, les autres par principe, un très-grand nombre par indifférence, un plus grand nombre encore par ignorance. Il suffira de la volonté d'un crétin qui aura hérité, par droit de succession, de quelque invention ou de quelque manuscrit précieux, pour détruire à jamais un chef-d'œuvre de l'esprit humain, soit dans le domaine de l'industrie, des sciences, des lettres et des arts. Ce sera son droit, sa propriété, vous n'aurez rien à lui dire. Et c'est entre ces mains-là que vous voulez séculariser les droits des inventeurs ! Avouez que ce n'est ni raisonnable ni bien pensé ; tandis qu'en fixant une limite au droit et en la fixant aussi large et aussi juste que possible, vous vous rendez utile à la société après avoir été utile à l'inventeur. En demandant la pérennité vous tirez à boulet rouge sur la civilisation. — Est-ce là ce que vous voulez ? Non, assurément ! Vous voyez donc à quelles conséquences désastreuses un principe faux peut conduire. En faisant du droit de propriété et d'héritage un droit absolu, qui n'aurait pas à compter avec la société, vous arriverez insensiblement à la reconstitution des castes, des priviléges abolis par la loi de 1791, vous remontez le courant des idées libérales consacrées par cette même loi, et vous naviguez à pleines voiles vers un régime chinois d'idolâtrie pour le passé qui rend le présent à peu près impossible.

« Que les effets utiles du travail passé se prolongent et se perpétuent dans une certaine limite, nous le voulons bien, et toutefois nous ferons remarquer que s'ils devaient se perpétuer d'une manière absolue, éternelle, inadmissible, les héritiers de ceux qui ont travaillé autrefois finiraient par dévorer sans rien faire la substance de ceux qui travaillent aujourd'hui et auxquels nous nous intéressons infiniment plus qu'aux bénéficiaires, personnellement peu méritants, du travail des siècles passés. »

Cette citation est encore de M. Guéroult. Vous voyez, Monsieur, que le rédacteur en chef de la *Presse* raisonne, que l'*Industrie universelle* raisonne; vous reconnaîtrez, je l'espère, que vous avez commis une faute en braquant votre fusil à double détente sur nous, et qu'il eût été plus habile de nous combattre avec des arguments qu'avec des sarcasmes.

J'attends votre réponse, et si vous pouvez me

convertir, je ne demande pas mieux que de faire amende honorable en me prosternant aux pieds du grand-prêtre de la pérennité.

CHAPITRE X

—

, ENCORE LA PÉRENNITÉ.

—

Je reçois de M. le secrétaire de l'Association créée en Belgique pour la défense de la propriété intellectuelle, une réponse à la lettre que je lui avais adressée.

Je la reproduis par déférence pour M. Bonnevie, mais elle ne me paraît pas de nature à changer mes idées sur la pérennité des brevets d'invention. Nous tournons indéfiniment dans un cercle vicieux d'où il me paraît difficile de sortir puisque mon honorable contradicteur ne veut admettre « aucune exception, aucune restriction. »

Bruxelles, le 26 avril 1860.

Monsieur,

En cherchant à démontrer à M. Jules Mareschal qu'il n'y a et ne peut y avoir de différence entre la propriété industrielle et la propriété littéraire et artistique, j'ai été amené à m'occuper incidemment d'un article qui venait de paraître dans votre estimable journal.

Vous semblez croire, monsieur, qu'en discutant le mérite de cet article, j'ai voulu mettre en cause votre personne et celle de M. Guéroult, et sous l'impression de cette idée vous croyez devoir riposter sur un terrain où il était bien loin de ma pensée de vous appeler.

Je n'ai ni le goût ni l'habitude des polémiques personnelles, et je regrette que la citation des noms de l'*Industrie Universelle* et de M. Guéroult ait pu vous faire supposer le contraire.

Vous me permettrez cependant de ne pas me croire entièrement dépourvu de logique.

Quand je suis convaincu d'une idée juste et vraie, je la dé-
fends dans toutes ses conséquences, avec toute l'énergie dont
je suis capable et je n'admets à cet égard aucune exception,
aucune restriction.

Pour moi, ce qui est juste et vrai en théorie, est nécessairement juste et vrai en pratique. Ce qui est juste et vrai
dans son principe, est juste et vrai dans toutes ses conséquences. Ce qui est juste et vrai dans l'ensemble, est juste
et vrai dans les détails.

La propriété intellectuelle, quel qu'en soit d'ailleurs l'objet, est aussi fondée en droit et en raison, que la propriété des
choses matérielles, et dès lors dérivant d'une œuvre au moins
aussi respectable, elle doit produire les mêmes effets.

Il n'y a pas deux espèces de propriété :

Il n'y en a qu'une, et c'est celle que nos Codes définissent :
*Le droit de jouir et de disposer de la manière la plus ab-
solue.* Et de là il résulte évidemment que la durée de la propriété est indéfinie et sans limites possibles. Car il ne saurait
y être apporté de limites, sans changer la nature du droit.

Le droit de propriété ne se conçoit pas sans le droit de
disposer de la chose. Et comment donc pourriez-vous disposer d'une chose, si elle doit cesser de vous appartenir, d'appartenir même à qui que ce soit, un an, un mois, un jour
plus tard ?

C'est pourquoi j'ai dit et je maintiens que le droit de
propriété n'existe pas, ne se comprend pas sans la pérennité.

Il n'y a à cet égard aucune distinction à faire entre la
propriété immobilière ou mobilière, matérielle ou intellectuelle. Toutes sont et doivent être nécessairement sou-
mises aux mêmes règles, en ce qui concerne le droit en lui-
même. Car elles ne sont que des applications différentes par
leur objet, d'un seul et même principe : la propriété.

Si donc vous admettez la propriété intellectuelle, vous
devez logiquement en admettre la pérennité. Et si vous

repoussez la pérennité, vous repoussez par le fait même la propriété.

Il n'y a pas de milieu.

Si vous ne voulez pas de la pérennité du droit sur les produits de l'intelligence, dites tout bonnement que vous considérez ce droit comme se rapprochant du droit de propriété sous tel ou tel rapport qu'il vous restera à définir et à caractériser ; mais ne dites pas que c'est un droit de propriété, car vouloir l'un sans l'autre, c'est aussi logique que de vouloir qu'un arbre produise des fruits sans fleurir.

Voilà les vrais principes, Monsieur, ce sont les principes du droit, et ce sont en même temps les principes de la saine raison. Réfléchissez-y et vous vous en convaincrez.

Quant au droit de succession, c'est tout autre chose, et il n'a rien de commun avec le droit de propriété.

Le droit de succession serait aboli demain, que le droit de propriété n'en devrait pas moins subsister tel qu'il est.

Les biens passeraient en d'autres mains qu'ils ne passent, voilà tout.

Toute chose doit appartenir à quelqu'un, et ce qui n'appartient à personne est de nulle valeur.

On peut raisonner là-dessus à perte de vue, si l'on entre dans les détails.

Mais les détails n'en sont pas moins aussi rationnels et aussi justes que le principe même auquel ils se rattachent.

C'est raisonner faux en effet que de faire dépendre le progrès de l'humanité de la limitation du droit de propriété intellectuelle ; car l'objet de ce droit, ce n'est pas l'idée qui, de sa nature, appartient au domaine de tous, parce qu'elle n'est susceptible d'aucune propriété particulière; mais c'est la matérialisation de l'idée, c'est-à-dire le moyen d'en tirer bénéfice. Or, que ce bénéfice appartienne à l'auteur primitif de l'idée (ce qui est juste), ou à des tiers, simples imitateurs et plagiaires (ce qui est injuste), le progrès de l'humanité est en tout cas hors de cause.

C'est raisonner faux que de supposer qu'il soit au pouvoir de quelqu'un, *par suite du droit de propriété intellectuelle*, de détruire un chef-d'œuvre de l'esprit humain. Car si un chef-d'œuvre n'a pas encore vu le jour, comment saurait-on que c'est un chef-d'œuvre? Si, au contraire, il a été publié, comment pourrait-il dépendre d'un insensé quelconque, fût-il le représentant de l'auteur, d'en détruire les exemplaires, disséminés dans le monde entier.

Quel que soit le cas d'ailleurs, la destruction d'une œuvre d'intelligence est un fait entièrement indépendant de la propriété intellectuelle. Que celle-ci existe ou n'existe pas, ce n'est pas dans le droit de propriété intellectuelle que peut résider le droit de détruire ce qui représente un produit de l'intelligence.

Celui qui anéantira un manuscrit, ou une œuvre d'art ou d'invention, abuse du droit de propriété mobilière, en vertu duquel il possède cet objet, mais non pas du droit de propriété intellectuelle, qui y est complétement étranger.

C'est raisonner faux, enfin, de considérer comme une conséquence du droit de propriété intellectuelle, si indéfini et absolu qu'il soit, la reconstitution des castes et des priviléges abolis par la loi de 1791. Car les castes et les priviléges dont il s'agit étaient le résultat de lois qui n'ont d'autre rapport avec le droit de propriété que d'en gêner ou restreindre l'exercice.

Il est de la nature de ce droit d'être aliénable et transmissible, tandis que les castes et les priviléges sont la conséquence de l'inaliénabilité ou de condition restrictives de la faculté de transmission.

Vous le voyez donc, Monsieur, il ne suffit pas de raisonner avec esprit, pour être dans le vrai. Il faut encore raisonner juste.

Vous m'avez demandé des arguments sérieux.

Je crois vous en avoir donné suffisamment pour vous convaincre, si vous en reconnaissez la justesse; pour les combattre, dans le cas contraire, sans que nous ayons besoin d'élargir le cadre de la discussion, en y mêlant ce qui n'est pas en question c'est-à-dire la sincérité et la parfaite loyauté de nos opinions respectives.

Veuillez accorder à cette réponse la faveur de la reproduction dans l'un des numéros prochains de votre journal, comme vous l'avez donnée à la lettre qui la provoquée, et recevez, je vous prie, l'expression de ma considération distinguée.

J. BONNEVIE.

La logique poussée dans ses conséquences extrêmes conduit quelquefois à l'absurde. Un principe peut être faux quoique la logique discertant sur ce principe soit parfaitement vraie, puisqu'elle est la conséquence d'un raisonnement absolu. Mais ce n'est pas là la vérité que nous cherchons. Nous ne faisons pas du droit de pérennité une question de scholastique, nous en faisons une question d'utilité publique; nous maintenons donc, et nous répétons que c'est restreindre le brevet d'invention et ses effets utiles que de vouloir le pérenniser. Toute serrée que soit l'argumentation de M. Bonnevie, elle n'est pas moins, à nos yeux, par les résultats qu'elle amènera, un obstacle au développement de tout progrès.

Nous Société, nous ne pouvons pas subir à travers les siècles la pression de stupides héritiers qui, en vertu d'un prétendu *droit éternel* de propriété, viendront porter des conditions insensées et apporter des entraves de toute nature à l'esprit d'initiative, à l'esprit d'invention, c'est-à-dire à la libre manifestation du génie humain. Vous dites que cela n'a rien de commun avec la reconstitution des castes et des priviléges abolis par la loi libérale de 1791 sur les brevets d'invention ; soit ! mais ce sera pire peut-être, car ce sera un esclavage, un servage de nouvelle espèce dont vous forgez aujourd'hui les chaines pour l'avenir.

Dans cette grave question de la pérennité, ce qu'il faut avant tout, c'est la débarasser de toutes les arguties du droit selon la loi qui la rendent impraticable et essayer de mettre la logique et ses conséquences d'accord avec la justice et la raison.

Tant qu'on n'en arrivera pas là, on ne fera rien de bon.

FIN.

TABLE DES MATIÈRES

—

CHAPITRE PREMIER.

—

—

CHAPITRE II.

CHAPITRE III.

CHAPITRE IV.

CHAPITRE V.

CHAPITRE VI.

—

CHAPITRE VII

—

CHAPITRE VIII

CHAPITRE IX

—

CHAPITRE X

FIN DE LA TABLE DES MATIÈRES.

Imprimé par Charles Noblet, rue Soufflot, 18.

IMPRIMÉ PAR CHARLES NOBLET,

RUE SOUFFLOT, 18.

9 782019 984540